THE PORTUGUESE
TRAVELMATE

compiled by
LEXUS

with
Mike Harland
and
Alberto Luis de Moura Rodrigues

RICHARD DREW PUBLISHING
Glasgow

RICHARD DREW PUBLISHING LTD.
6 CLAIRMONT GARDENS
GLASGOW G3 7LW
SCOTLAND

First Published 1982
First Reprint April 1982
Second Reprint May 1984
New Edition 1986
New Edition 1988
Reprinted 1989
Reprinted 1990

ISBN 0 86267 214 7

Printed in Great Britain by
Cox & Wyman Ltd.

YOUR TRAVELMATE

gives you one single easy-to-use list of useful
words and phrases to help you communicate in
Portuguese.

Built into this list are:
- Travel Tips with facts and figures which provide
  valuable information.
- Portuguese words you'll see on signs and notices
- typical replies to some of the things you might
  want to say.

There is a menu reader on pages 70–71 and
numbers and the Portuguese alphabet are given
on pages 127–128.

Your TRAVELMATE also tells you how to
pronounce Portuguese. Just read the
pronunciations as though they were English and
you will communicate – although you might not
sound like a native speaker.

One special sound:
j is like the second consonant in 'measure' or
'seizure'.
And uh should be pronounced as in English 'a' or
the 'u' in 'butter'.
Vowels given in italics show which part of a word
to stress.

Where two translations are given the second is
the feminine form.

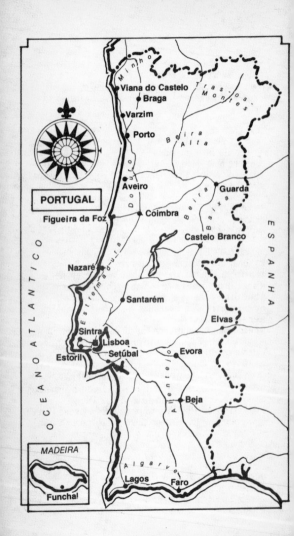

a, an um, uma [oom, *oo*muh]
   200 escudos a litre duzentos escudos o litro
   [doo*zen*toosh shk*oo*d*oo*z oo leetroo]
abdomen o abdómen [a*b*d*o*meng]
aberto open
aboard a bordo [bordoo]
about: is he about? está aqui? [shtah ak*ee*]
   about 15 cerca de quinze [sair-kuh duh k*ee*nz]
   about 2 o'clock por volta das duas [poor
   v*o*ltuh dush d*oo*-ush]
above em cima [eng s*ee*muh]
   above that em cima disso [. . . d*ee*soo]
abroad no estrangeiro [noo shtranj*a*yroo]
absolutely! com certeza! [kong sert*eh*-zuh]
accelerator o acelerador [ass*u*lluh-ruh-d*o*r]
accept aceitar [assay-t*a*r]
accident um acidente [asseed*e*nt]
   there's been an accident houve um acidente
   [ove oom asseedent]
» *TRAVEL TIP: EEC reciprocal health agreement
   applies; see* **hospital**
accommodation o alojamento [alojuh-m*e*ntoo]
   we need accommodation for three
   queríamos alojamento para três pessoas [kree-
   amooz alojuh-mentoo para tresh pess*o*h-ush]
» *TRAVEL TIP: apart from hotels, there is also a
   cheaper category called 'pensão' which is quite
   adequate and provides meals*
accurate certo [s*a*irtoo]
acenda as luzes headlights on
ache uma dor [dor]
   my back aches tenho dor nas costas [t*e*nyoo
   dor nush k*o*shtush]

....

A.C.P. = Automóvel Clube de Portugal *like AA
or RAC*
across através de [atravesh duh]
  how do we get across? como atravessamos?
  [komoo atravsuh-moosh]
adaptor um adaptador [adaptuh-dor]
address o endereço [endereh-soo]
  will you give me your address? quer dar-me
  o seu endereço? [kair darmuh oo seh-oo . . .]
admission a entrada [entrah-duh]
advance: can we book in advance? podemos
  marcar lugar antecipadamente? [poodeh-moosh
  merkar loogar antusseepah-duh-ment]
advert o anúncio [anoons-yoo]
afraid: I'm afraid I don't know lamento, mas
  não sei [lamentoo, mush nowng say]
  I'm afraid so lamento que sim [kuh seeng]
  I'm afraid not lamento que não
after: after you você primeiro [vosseh
  preemayroo]
  after 2 o'clock depois das duas [depoish dush
  doo-ush]
afternoon a tarde [tard]
  this afternoon esta tarde [eshtuh . . .]
  in the afternoon à tarde [ah tard]
  good afternoon boa tarde [bo-uh tard]
aftershave aftershave
again outra vez [oh-truh vesh]
against contra [kontruh]
age a idade [eedahd]
  under age menor [muh-nor]
  it takes ages leva muito tempo [levvuh
  mweentoo tempoo]
ago: a week ago há uma semana [ah oomuh
  suh-mah-nuh]
  it wasn't long ago não foi há muito tempo
  [nowng foy ah mweentoo-tempoo]
  how long ago was that? há quanto tempo
  aconteceu? [ah kwantoo tempoo . . .]
agree: I agree concordo [kong-kordoo]

it doesn't agree with me faz-me mal [fash–]
água potável *drinking water*
air o ar [ahr]
  by air de avião [davvee-*o*wng]
  by airmail por avião
  air conditioning ar condicionado [ar kondeess-yoon*a*h-doo]
airport o aeroporto [a-*ai*roop*o*rtoo]
alarm o alarme [alah*r*m]
  alarm clock o despertador [dushpairtuh-d*o*r]
alcohol o álcool [alkw*o*l]
  is it alcoholic? tem álcool [teng . . .]
Alfândega *Customs*
alive vivo [v*ee*voo]
  is he still alive? ainda está vivo? [a-*ee*nduh shtah v*ee*voo]
all todo [t*o*h-doo]
  all night toda a noite [t*o*h-dah noyt]
  that's all wrong está tudo errado [shtah t*oo*doo err*a*h-doo]
  all right muito bem [mw*ee*ntoo beng]
  that's all é tudo [eh t*oo*doo]
  thank you – not at all obrigado – não tem de quê [oh-brig*a*h-doo – nowng teng duh keh]
allergic: I'm allergic to sou alérgico a [soh al*ai*rjikoo . . .]
allowed permitido [permeet*ee*doo]
  is it allowed? é permitido? [eh . . .]
  allow me permita-me [perm*ee*ta-muh]
almost quase [kwahz]
alone só
  did you come here alone? veio só? [v*a*yoo . . .]
  leave me alone deixe-me em paz [d*a*ysh-muh eng pash]
already já
also também [tambeng]
alternator o alternador [altair-nad*o*r]
although embora [emb*o*r-uh]
alto *halt*

altogether totalmente [tootalment]
    what does that make altogether? a quanto monta tudo isso? [uh kwantoo montuh toodoo ee-soo]
aluga-se to let
always sempre [sempruh]
a.m. da manhã [duh munyang]
» *TRAVEL TIP: official times are usually expressed by 24 hour system*
ambassador o embaixador [embye-shuh-dor]
ambulance ambulância [amboolanss-ya]
    get an ambulance! chame uma ambulância! [shahm oomuh . . .]
» *TRAVEL TIP: dial 115; often quicker and cheaper by taxi*
America a América do Norte [. . . doo nort]
American norte-americano [nortee-amerikah-noo]
among entre [entruh]
amps amperes [ampeh-rush]
    15 amp fuse um fusível de quinze amperes [foozeevel duh keenz . . .]
anchor a âncora [ankooruh]
and e [ee]
angry zangado [zangah-doo]
    I'm very angry estou muito zangado [shtoh mweentoo zangah-doo]
    please don't get angry por favor, não se irrite [poor fuh-vor, nowng seerreet]
animal o animal [aneemal]
ankle o tornozelo [toornoozelloo]
anniversary: it's our anniversary é o nosso aniversário [eh oo nossoo aneeversahr-yoo]
annoy: he's annoying me está a chatear-me [shtah uh shut-yar-muh]
    it's very annoying que maçada! [kuh mussah-duh]
another: can we have another room? podemos ter um outro quarto? [poodeh-moosh tair oom oh-troo kwartoo]

another beer, please mais uma cerveja, se faz
favor [myze oomuh serveh-juh, suh fash fuh-
vor]

answer: what was his answer? o que
respondeu? [oo kuh reshpondeh-oo]

there was no answer não houve resposta
[nowng ove reshposhtuh]

antifreeze o anticongelante [anteekonjuh-lant]

any: have you got any bananas/butter? tem
bananas/manteiga [teng banahnush/
mantayguh]

I haven't got any não tenho [nowng tenyoo]

anybody qualquer pessoa [kwalkair pessoh-uh]

can anybody help? alguém pode ajudar?
[algaing pod ajoodar]

anything qualquer coisa [kwalkair koy-zuh]

I don't want anything não quero nada
[nowng kairoo nah-duh]

aperitif um aperitivo [apurreeteevoo]

apology: please accept my apologies por
favor, peço-lhe desculpa [poor fuh-vor, pessoo-
lyuh deshkoolpuh]

I want an apology peço uma satisfação
[pessoo oomuh sateesh-fassowng]

appendicitis a apendicite [apendeeseet]

appetite o apetite [uh-peteet]

I've lost my appetite perdi o apetite [perdee
oo . . .]

apple a maçã [masang]

application form uma folha de inscrição [fol-
yuh deenshkree-sowng]

apricot o damasco [damashkoo]

April Abril [abreel]

aqualung garrafas de oxigénio [garrah-fush
doxi-jenn-yoo]

area a zona [zoh-nuh]

arm o braço [brah-soo]

around *see* **about**

**arrange: will you arrange a taxi/a table/
tickets?** pode conseguir-me um táxi/uma

mesa/um bilhete [pod konsugg*ee*r-muh o*o*m
taxi/oomuh m*eh*-zuh/oom beel-yet]
it's all arranged está tudo tratado [shtah
t*oo*doo trat*a*h-doo]
arrest prender [prend*air*]
he's been arrested foi preso [foy pr*eh*-zoo]
arrival a chegada [shuh-g*a*h-duh]
arrive chegar [shuh-g*ar*]
we only arrived yesterday chegámos ontem
mesmo [shuh-g*a*mmooz *o*nteng m*ej*-moo]
art a arte [art]
art gallery a galeria de arte [gall*ee*ree-uh dart¹
arthritis a artrite [artr*ee*t]
artificial artificial [artif*ee*ss-y*a*l]
artist o pintor [peent*o*r]
as: as quickly as you can tão depressa quanto
puder [towng duh-pr*e*ssuh kw*a*ntoo pood*air*]
as much as you can tanto quanto puder
[t*a*ntoo kw*a*ntoo pood*air*]
do as I do faça como eu faço [f*a*ssuh koh- moo
*e*h-oo f*a*ssoo]
as you like como quiser [koh-moo keez*air*]
ashore: to go ashore desembarcar
[dezembark*ar*]
ashtray o cinzeiro [seenz*a*yroo]
ask: could you ask him to . . . podia pedir-lhe
para . . . [pood*ee*-uh ped*ee*r-lyuh para . . .]
I didn't ask for that não pedi isso [nowng
ped*ee* *ee*-soo]
asleep: he's still asleep está ainda a dormir
[shta uh-*ee*ndah doo-rm*ee*r]
asparagus o espargo [shp*a*rgoo]
aspirin a aspirina [ushpeer*ee*nuh]
assistant *(shop)* o empregado [empruh-g*a*h-doo]
asthma asma [*a*jma]
at: at the café no café [noo kuff*eh*]
at my hotel no meu hotel [noo m*eh*-oo o-t*el*]
at one o'clock à uma [ah *oo*muh]
atmosphere a atmosfera
[atmoosh-f*air*uh]

attitude a atitude [ateet*oo*d]
attractive tentador [tent-a-d*o*r]
   I think you're very attractive penso que és muito atraente [pensoo kee esh mw*ee*ntoo atrah-*e*nt]
aubergine a beringela [bereenj*e*lluh]
August Agosto [ag*o*shtoo]
aunt: my aunt minha tia [m*ee*n-yuh t*ee*-uh]
Australia Austrália [owsh-tr*a*h-lee-uh]
Australian australiano [owsh-tralee-*a*h-noo]
authorities as autoridades [uz ow-toorid*a*h-dush]
autocarro bus (stop)
automatic *(car)* automático [ow-toom*a*tikoo]
autumn Outono [o-t*o*h-noo]
away: is it far away from here? é longe daqui? [eh lonj dak*ee*]
   go away! vai-te embora! [vye-tuh emb*o*ruh]
awful horrível [orr*ee*vel]
axle o eixo [*a*y-shoo]
baby o bebé [beb*e*h]
   we'd like a baby-sitter gostávamos de arranjar uma baby-sitter [goosht*a*h-vamoosh darranj*a*r oomuh . . .]
back: I've got a bad back tenho uma dor nas costas [ten-yoo oomuh dor nush k*o*sh-tush]
   I'll be back soon estou de volta em breve [shtoh duh v*o*ltuh aim brev]
   can I have my money back? posso reaver o meu dinheiro? [p*o*ssoo re-av*ai*r oo m*e*h-oo din-y*a*y-roo]
   come back! venha cá! [v*e*n-yuh kah]
   I go back tomorrow regresso amanhã [regr*e*ssoo uh-man-y*a*ng]
   at the back atrás [atr*a*sh]
bacon o 'bacon'
   bacon and eggs ovos com bacon [*o*vvoosh . . .]
bad mau/má [m*a*h-oo/mah]
   it's not bad não é mau [nown*g* eh m*a*h-oo]
   too bad! que pena! [kuh p*e*h-nuh]

bag um saco [sackoo]
  (handbag) uma mala de mão [oomuh mah-luh duh mowng]
  (suitcase) uma mala de viagem [oomuh mah-luh duh vee-ah-jeng]
baggage a bagagem [bagah-jeng]
baker's a padaria [padduh-ree-uh]
balcony a varanda
  a room with a balcony um quarto com varanda [oom kwartoo kong . . .]
ball uma bola [bolluh]
ball-point pen uma esferográfica [shferoografikuh]
banana uma banana [banah-nuh]
band a orquestra [orkesh-truh]
bandage uma ligadura [leeguh-doo-ruh]
  could you change the bandage? pode mudar a ligadura? [pod moodar uh . . .]
bank o banco [oo bankoo]
» *TRAVEL TIP: banking hours: 8.30 to 12.00 and 1.00 to 2.30 Mon–Fri. Closed Sat & Sun: in Lisbon try airport; bank holidays see* **public**
bar um bar [bar]
  when does the bar open? a que horas abre o bar? [uh kee-oruz abroo bar]
barber's a barbearia [barbee-aree-uh]
bargain: it's a real bargain é uma pechincha [eh oomuh pusheenshuh]
barmaid a empregada de balcão [empruh-gah-duh duh bal-cowng]
barman o barman
basket um cesto [seshtoo]
bath um banho [ban-yoo]
  can I have a bath? posso tomar um banho? [possoo toomar . . .]
  could you give me a bath towel? pode dar-me uma toalha de banho? [pod dar-muh oomuh too-al-yuh duh ban-yoo]
bathing costume um fato de banho [fah-too duh ban-yoo]

bathroom a casa de banho [k*a*h-zuh duh b*a*n-yoo]
  we want a room with a private bathroom queremos um quarto com casa de banho [kr*e*h-mooz oom kw*a*rtoo kong . . .]
  can I use your bathroom? posso ir à casa de banho? [p*o*ssoo eer ah . . .]
battery a bateria [battuh-r*ee*-uh]
be ser [sair]
beach a praia [pr*a*h-yuh]
beans *(green)* feijão [fay-j*o*wng]
  (broad) favas [f*a*h-vush]
beautiful lindo [l*ee*ndoo]
  that was a beautiful meal foi uma refeição óptima [foy oomuh ruh-fay-s*o*wng *o*ttimuh]
because porque [p*o*or-kuh]
  because of the bad weather por causa do mau tempo [poor c*o*w-zuh doo m*a*h-oo t*e*mpoo]
beco sem saída cul-de-sac
bed a cama [k*a*h-muh]
  single/double bed cama individual/cama de casal [k*a*h-muh eendiveedoo-*a*l/. . . duh kaz*a*l]
  you haven't changed my bed não mudou a roupa da minha cama [nowng moo-d*o*h uh roh-puh duh m*ee*n-yuh k*a*h-muh]
  bed and breakfast dormida e pequeno almoço [doo-rm*ee*duh ee pek*e*h-noo al-m*o*-soo]
bedroom o quarto de dormir [kw*a*rtoo duh doo-rm*ee*r]
bee uma abelha [ab*e*ll-yuh]
beef a carne de vaca [karn duh v*a*h-kuh]
beer a cerveja [ser-v*e*h-juh]
  two beers, please duas cervejas, por favor [d*o*o-ush ser-v*e*h-jush poor fuh-v*o*r]
» *TRAVEL TIP:* '*cerveja*' *implies a lager-type beer, usually the only type available*
before: before breakfast antes do pequeno almoço [antsh doo pek*e*h-noo al-m*o*-soo]
  before we leave antes de partirmos [antsh duh pert*e*ermoosh]

....

I haven't been here before nunca aqui estive [noonkuh akee shteev]

begin: when does it begin? quando começa? [kwandoo koomessuh]

behind atrás de [atrash duh]

the car behind me o carro atrás de mim [oo karroo atrash duh meeng]

believe: I don't believe you não o acredito [nowng oo akredeetoo]

I believe you acredito

bell a campainha [kampuh-eenyuh]

belong: that belongs to me isso é meu [eessoo eh meh-oo]

who does this belong to? a quem pertence isto? [uh keng pertenss eeshtoo]

below em baixo [embye-shoo]

below that debaixo disso [duh-bye-shoo deesoo]

belt um cinto [seentoo]

berries bagas [bah-gush]

berth *(on ship)* um beliche [beleesh]

beside junto a [joontoo uh]

best o melhor [mul-yor]

it's the best holiday I've ever had foram as melhores férias que já tive [for-owng ush mul-yorush fair-yush kuh jah teev]

better melhor

haven't you got anything better? não tem nada melhor? [nowng teng nah-duh mul-yor]

are you feeling better? sente-se melhor? [sent-suh mul-yor]

I'm feeling a lot better sinto-me muito melhor [seentoo-muh mweentoo mul-yor]

between entre [entr]

beyond além de [a-leng duh]

beyond the mountains para além das montanhas [prah leng dush montahn-yush]

bicycle uma bicicleta [bee-see-kletta]

can we hire bicycles here? alugam-se aqui bicicletas? [aloo-gowng-suh akee-klettush]

big grande [grand]
  a big one um maior [oom muh-*yor*]
  that's too big é grande demais [eh grand duh-my-sh]
  it's not big enough é pequeno
  have you got a bigger one? tem um maior?
bikini um bikíni
bilheteira ticket office
bill a conta [*kontuh*]
  could I have the bill, please? a conta, por favor [uh *kontuh*, poor fuh-*vor*]
bird um pássaro [*passuh*-roo]
birthday o dia de anos [d*ee*-uh d*a*h-noosh]
  happy birthday feliz aniversário [fel*ee*z anneevers*a*r-yoo]
biscuit uma bolacha [bool*a*shuh]
bit: **just a little bit** só um bocadinho [so oom bookad*ee*n-yoo]
  that's a bit too expensive é um bocado caro
  a bit of that cake uma fatia daquele bolo [*oom*uh fat*ee*-uh dak*eh*l bo-loo]
bite uma mordedura [moordad*oo*ruh]
  I've been bitten fui mordido [fwee moord*ee*doo]
bitter amargo [am*a*rgoo]
black preto [preh-too]
  he's had a blackout teve um desmaio [tev oom dush-my-oo]
bland brando [br*a*ndoo]
blanket um cobertor [koobert*or*]
  I'd like another blanket queria mais um cobertor [kr*ee*-uh myz oom koobert*or*]
bleach lixívia [leesh*ee*v-yuh]
bleed sangrar
  he's bleeding está a sangrar [shtah s*a*ngrar]
bless you *(after sneeze)* santinho [sant*ee*n-yoo]
blind cego [seh-goo]
blister uma borbulha [boorb*oo*l-yuh]
blonde uma loira [l*oy*-ruh]
blood o sangue [oo s*a*nguh]

....

his blood group is . . . o grupo sanguíneo dele
é . . . [oo groopoo sangwin-yoo dehl eh]
I've got high blood pressure a minha tensão
é alta [uh meenyuh ten-sowng eh altuh]
he needs a blood transfusion precisa duma
transfusão de sangue [preseezuh doomuh
tranjfoo-zowng duh sanguh]
blouse uma blusa [bloozuh]
blue azul [azool]
board: full board pensão completa [pen-sowng
komplettuh]
 half board meia pensão [mayuh pen-sowng]
 boarding pass o cartão de embarque [oo
 kar-towng dembark]
boat um barco [barkoo]
body o corpo [oo kore-poo]
 (dead body) um cadáver [kadaver]
boil ferver [furvair]
 (med) um furúnculo [fooroonkooloo]
 do we have to boil the water? é preciso
 ferver a água? [eh pruh-seezoo furvair uh
 agwuh]
boiled egg um ovo cozido [o-voo koozeedoo]
bone o osso [o-soo]
bonnet *(car)* a capota [kapottuh]
book um livro [leevroo]
 booking office a bilheteira [beel-yuh-tayruh]
 can I book a seat for . . . posso reservar um
 bilhete para . . .? [possoo rezervar oom beel-yet
 para]
 I'd like to book a table for four queria
 reservar uma mesa para quatro pessoas
 [kree-uh rezervar oomuh meh-zuh para kwatroo
 pussoli-ush]
 bookshop a livraria [leevruh-ree-uh]
boot uma bota [bottuh]
 (car) a mala [mah-luh]
booze: I had too much booze last night ontem
à noite apanhei uma grande bebedeira [onteng
ah noyt apan-yayoomuh grand bubba-day-ruh]

border a fronteira [front*a*yruh]
bored: I'm bored estou chateado [shtoh shutty-*a*h-doo]
boring maçador [massuh-d*o*r]
born: I was born in ... nasci em ... [nash-s*ee*]
boss o patrão [patr*o*wng]
both os dois [oosh d*o*ysh]
   I'll take both of them levo os dois [l*e*vvoo oosh doysh]
bottle uma garrafa [garr*a*h-fuh]
   bottle-opener um saca-rolhas [oom sackuh-r*o*l-yush]
bottom: at the bottom of the hill no sopé do monte [noo soop*e*h doo mont]
box uma caixa [k*y*-shuh]
boy um rapaz [rap*a*sh]
boyfriend namorado [namoor*a*h-doo]
bra um soutien [soot*ya*ng]
bracelet uma pulseira [pools*a*y-ruh]
brake *(noun)* o travão [trav*o*wng]
   could you check the brakes? pode ver-me os travões? [pod v*a*ir-muh oosh trav-*o*ingsh]
   I had to brake suddenly tive de travar de repente [teev duh trav*a*r duh rep*e*nt]
   he didn't brake não travou [nowng tra-v*o*h]
brandy um brandy
bread pão [powng]
   could we have some bread and butter? traga pão e manteiga, se faz favor [tr*a*h-ga powng ee mant*a*y-ga suh fash fuh-vor]
   some more bread, please mais pão, por favor [m*y*-sh powng poor fuh-vor]
break partir [pert*ee*r]
breakable frágil [fr*a*jeel]
breakdown uma avaria [avuh-r*ee*-uh]
   I've had a breakdown tive uma avaria [teev oomuh avuh-r*ee*-uh]
   nervous breakdown esgotamento nervoso [eejgotuh-m*e*ntoo nerv*o*zoo]
» *TRAVEL TIP: breakdown services: nearest garage!*

breakfast o pequeno almoço [pek*e*h-noo alm*o*-soo]
breast o peito [p*a*y-too]
breath a respiração [rushpeera-s*o*wng]
breathe respirar [rushpeer*a*r]
  I can't breathe não posso respirar [nowng p*o*ssoo . . .]
bridge a ponte [pont]
briefcase a pasta [p*a*shtuh]
brighten up: do you think it'll brighten up later? pensa que o tempo ainda melhora? [pensuh kee-*oo* t*e*mpoo a-*ee*nduh mel-y*o*ruh]
brilliant brilhante [breel-y*a*nt]
bring trazer [traz*ai*r]
Britain Grã-Bretanha [grambret*a*hn-yuh]
British britânico [breet*a*h-nikoo]
brochure um folheto [fol-y*e*ttoo]
  have you got any brochures about . . .? tem alguns folhetos sobre . . .? [teng alg*oo*ngsh fol-y*e*ttoosh soh-bruh]
broken partido [pert*ee*doo]
  you've broken it partiu-o [pert-y*oo*-oo]
  it's broken está partido [shtah pert*ee*doo]
  my room/car has been broken into o meu quarto foi remexido [oom*e*h-oo kw*a*rtoo foy remush*ee*doo]/o meu carro foi assaltado [oo m*e*h-oo k*a*rroo foy assal-t*a*h-doo]
brooch um alfinete de peito [al-feen*e*t duh p*a*y-too]
brother: my brother meu irmão [m*e*h-oo eer-m*o*wng]
brown castanho [kasht*a*hn-yoo]
  (tanned) bronzeado [bronzee-*a*h-doo]
  brown paper papel de embrulho [puh-p*e*l dembr*oo*lyoo]
browse: can I just browse around? posso dar uma vista de olhos por aí? [p*o*ssoo dar *oo*muh v*ee*shtuh d*o*l-yoosh poor a-*ee*]
bruise uma contusão [kontoo-z*o*wng]
brunette *(noun)* uma morena [m*oo*reh-nuh]

brush *(noun)* uma escova [shk*o*vvuh]
(artist's) um pincel [peens*e*ll]
Brussels sprouts couve de Bruxelas [kove duh
broosh*e*llush]
bucket um balde [b*a*l-duh]
buffet o bufete [boof*e*t]
building o edifício [eedif*ee*ss-yoo]
bulb uma lâmpada [l*a*mpa-duh]
the bulb's gone a lâmpada fundiu-se [uh
l*a*mpa-duh foond-yoo-suh]
bull um touro [toh-roo]; **bullfight** uma
tourada *in Portugal the bull is not killed*
bump: he's had a bump on the head ele bateu
com a cabeça [ehl bat*e*h-oo kong uh kab*e*h-suh]
bumper o pára-choques [para-sh*o*cksh]
bunch: a bunch of flowers um ramo de flores
[r*a*h-moo duh fl*o*rush]
bunk um beliche [bel*ee*sh]
buoy a bôia [b*o*h-yuh]
burglar um ladrão [lad-r*o*wng]
they've taken all my money roubaram-me
todo o meu dinheiro [roh-b*a*rowng-muh t*o*h-doo
oo meh-oo duny*a*y-roo]
burnt: this meat is burnt esta carne está
esturricada [*e*shtuh karn shtah
shtoorik*a*h-duh]
my arms are burnt queimei os braços
[kay-m*a*y oosh br*a*-soosh]
**can you give me something for these
burns?** pode receitar-me alguma coisa para
estas queimaduras? [pod russay-t*a*r-muh
al-g*oo*muh k*o*y-zuh para *e*shtush
kay-mad*oo*rush]
bus um autocarro [owtoo-k*a*rroo]
bus stop uma paragem de autocarro [oomuh
par*a*h-jeng dowtoo-k*a*rroo]
could you tell me when we get there? podia
dizer-me onde é que devo sair? [pod*ee*-uh
deez*a*ir-muh onduh eh kuh d*e*vvoo suh-*e*er]
business um negócio [neg*o*ss-yoo]

I'm here on business estou aqui em negócios
[shtoh ak*ee* eng nego*ss*-yoosh]
business trip uma viagem de negócios [oomuh
vee-*a*h-jeng . . .]
none of your business isso não é contigo
[*ee*ssoo nowng eh kont*ee*goo]
bust o peito [p*a*y-too]
» *TRAVEL TIP: bust measurements*

UK	32	34	36	38	40
Portugal	80	87	91	97	102

busy ocupado [o-koop*a*h-doo]
(telephone) impedido [eemped*ee*doo]
but mas [mush]
butcher's o talho [t*a*l-yoo]
butter a manteiga [mant*a*y-guh]
button um botão [boot*o*wng]
buy: I'll buy it levo este [l*e*vvoo ehsht]
where can I buy . . .? onde posso comprar . . .?
[*o*nduh possoo kompr*a*r]
by: I'm here by myself estou aqui sozinho
[shtoh ak*ee* soz*ee*n-yoo]
are you by yourself? estás sozinha? [shtash
soz*ee*n-yuh]
can you do it by tomorrow? pode faze-lo para
amanhã? [pod f*a*zeh-loo prah man-y*a*ng]
by train/car/plane de comboio/carro/avião
[duh k*o*mb*o*yoo/k*a*rroo/av-v*o*wng]
I parked by the trees estacionei o carro
debaixo das árvores [shtass-yoon*a*y oo k*a*rroo
de-b*y*-shoo duz*a*rvoorush]
who's it made by? quem é que o fez? [keng eh
kee-*oo* fesh]
cabaret um cabaré [kabar*eh*]
cabbage uma couve [k*o*ve]
cabin *(on ship)* um camarote [kama-r*o*t]
café um café [kuff*eh*]
» *TRAVEL TIP: most cafés and bars provide both
non-alcoholic and alcoholic drinks as well as
snacks; a 'pastelaria' sells cakes and also serves
coffee, tea etc*

cais *platform*
caixa *cash desk*
cake um bolo [bo-loo]
  a piece of cake uma fatia de bolo [fat*ee*-uh duh bo-loo]
calculator uma máquina de calcular [m*a*cky-nuh duh kalkool*a*r]
call: will you call the manager? chame o gerente [sham oo juh-r*e*nt]
  what are you called? como se chama? [ko-moo suh sh*a*h-muh]
  what is this called? como se chama isto? [. . . *ee*sh-too]
  call box uma cabine telefónica [oomuh kab*ee*n tul-f*o*nnickuh]
calm *(sea)* calmo [k*a*l-moo]
  calm down! calma! [k*a*l-muh]
câmbio *foreign exchange*
camera uma máquina fotográfica [m*a*cky-nuh footoo-gr*a*fickuh]
camp: is there somewhere we can camp? há lá algum sítio para acampar? [ah lah alg*oo*m s*ee*t-yoo para akamp*a*r]
  can we camp here? pode-se acampar aqui? [p*o*d-suh akamp*a*r ak*ee*]
  campsite o parque de campismo [oo park duh kamp*ee*jmoo]
» *TRAVEL TIP: international campers' card sometimes necessary; most sites are along the coast.*
can¹: a can of beer uma cerveja em lata [ser-v*e*h-juh eng l*a*h-tuh]
  can-opener um abre-latas [*a*h-bruh l*a*h-tush]
can²: can I have . . . ? queria . . . [kr*ee*-uh]
  can you show me . . . ? pode mostrar-me . . . ? [p*o*d moosh-tr*a*r muh]
  I can't . . . não posso . . . [nowng p*o*ssoo]
  he can't . . . não pode . . . [. . . p*o*d]
  we can't . . . não podemos . . . [. . . p*oo*deh-moosh]

Canada Canadá [kan-ad*ah*]
Canadian canadiano [kanadee-*ah*-noo]
cancel: I want to cancel my booking quero
cancelar a minha marcação [k*ai*roo kansel*a*r uh
m*ee*n-yuh markuh-s*o*wng]
can we cancel dinner for tonight? podemos
desmarcar o jantar de hoje à noite?
[p*oo*deh-moosh dushm*a*rkar oo jant*a*r doje ah
noyt]
candle uma vela [v*e*lluh]
by candlelight à luz da vela [ah loosh . . .]
capsize soçobrar [soo-soobr*a*r]
car o carro [k*a*rroo]
by car de carro [duh . . .]
carafe um jarro [j*a*rroo]
caravan uma roulotte [roo-lot]
carburettor o carburador [karbooruh-d*o*r]
cards cartas [k*a*r-tush]
do you play cards? sabe jogar às cartas? [sab
joo-g*a*r ash k*a*r-tush]
care: goodbye, take care adeus, tome cuidado
[a-d*e*h-oosh, tom kweed*a*h-doo]
will you take care of this for me? toma-me
conta disto, por favor? [t*o*muh-muh k*o*ntuh
d*ee*shtoo, poor fuh-v*o*r]
careful: be careful tenha cuidado [t*e*n-yuh
kweed*a*h-doo]
car ferry o 'ferry boat'
car park o estacionamento
[shtass-yoonuh-m*e*ntoo]
carpet o tapete [tuh-pet]
carrots cenouras [sun-*o*-rush]
carry: will you carry this for me? leve-me
isto, por favor [l*e*v-muh *ee*shtoo, poor fuh-v*o*r]
carry cot um carrinho de bebé [kar*ee*n-yoo duh
beb*e*h]
carving uma obra de talha [*o*bruh duh t*a*l-yuh]
casa de banho bathroom
case *(suitcase)* a mala [m*a*h-luh]
cash dinheiro [din-y*a*y-roo]

I haven't got any cash estou sem dinheiro
[shtoh seng . . .]
   to pay in cash pagar à vista [ah veesh-tuh]
   cash desk a caixa [uh kye-shuh]
   will you cash a cheque for me? troca-me este
cheque? [trocka-muh eh-sht sheck]
casino o casino [kazeenoo]
cassette uma cassette
castle o castelo [kashtelloo]
cat o gato [gah-too]
catch: where do we catch the bus? onde se
apanha o autocarro? [onduh see apan-yuh oo
ow-too-karroo]
   he's caught a bug apanhou uma infecção
[apan-yoh oomuh eemfessowng]
cave basement
cathedral a catedral [kuttadral]
cauliflower uma couve-flor [kove-flor]
cave uma caverna [kavairnuh]
ceiling o tecto [tettoo]
celery aipo [eye-poo]
cellophane celofane [seloofan]
centigrade centígrado [senteegradoo]
» *TRAVEL TIP: to convert C to F:* $\frac{C}{5} \times 9 + 32 = F$

| centigrade | −5 | 0 | 10 | 15 | 21 | 30 | 36.9 |
| Fahrenheit | 23 | 32 | 50 | 59 | 70 | 86 | 98.4 |

centimetre centímetro [senteemetroo]
» *TRAVEL TIP: 1 cm = 0.39 inches*
central central [sentral]
   with central heating com aquecimento
central [kong akussy-mentoo sentral]
centre o centro [sentroo]
   how do we get to the centre? como se vai
para o centro, por favor? [ko-moo suh vye proh
sentroo, poor fuh-vor]
certain certo [sair-too]
   are you certain? tem a certeza? [teng uh
ser-teh-zuh]
certificate a certidão [ser-tee-downg]

chain uma cadeia [kad*a*y-uh]
chair uma cadeira [kad*a*y-ruh]
chambermaid a criada de quarto [kree-*a*h-duh duh kw*a*r-too]
champagne champanhe [sham-p*a*n-yuh]
change: could you change this into escudos? pode trocar isto por escudos? [pod trook*a*r *ee*shtoo poor shk*oo*doosh]
I haven't any change não tenho troco [nowng t*e*n-yoo troh-koo]
do we have to change trains? temos de mudar de comboio? [t*e*h-moosh duh mood*a*r duh komboyyoo]
I'd like to change my booking queria mudar a minha reserva [kr*ee*-uh mood*a*r uh m*ee*n-yuh rez*ai*rvuh]
I'll just get changed vou mudar de roupa [voh mood*a*r duh roh-puh]
» *TRAVEL TIP: changing money: look for sign 'câmbio' in banks or hotels; take your passport with you; most banks accept cheques with banker's card.*
channel: the Channel o Canal da Mancha [kan*a*l da m*a*n-shuh]
charge: what will you charge? quanto vai pedir? [kw*a*ntoo vye ped*ee*r]
who's in charge? quem é o responsável? [keng eh oo rushpons*a*h-vel]
chart *(sea)* uma carta [k*a*r-tuh]
cheap barato [bar*a*h-too]
cheaper mais barato [my-sh . . .]
cheat: I've been cheated fui enganado [fwee engan*a*h-doo]
check: will you check? pode verificá-lo? [pod verifeek*a*h-loo]
I'm sure, I've checked tenho a certeza, porque eu próprio verifiquei [t*e*n-yoo uh ser-t*e*h-zuh, p*oo*r-kee eh-oo propree-oo verifeek*a*y]
will you check the total? quer conferir a

conta? [kair konfuh-reer uh kon-tuh]
cheek a face [uh fass]
cheeky descarado [dushkarah-doo]
cheerio até à vista [ateh ah veesh-tuh]
   (toast) saúde [suh-ood]
cheers! *(toast)* saúde [suh-ood]
   (thank you) obrigadinho [o-brigadeen-yoo]
cheese queijo [kay-joo]
   say cheese! sorria! [soo-rree-uh]
chef o cozinheiro [oo koozeen-yay-roo]
chegadas arrivals
chemist's a farmácia [fur-mass-yuh]
» TRAVEL TIP: *a chemist can advise on minor
   ailments; the duty chemist rota, with addresses,
   is to be found on the door (or in local press)*
cheque um cheque [sheck]
   will you take a cheque? aceita um cheque?
   [a-saytuh oom sheck]
   cheque book o livro de cheques [leevroo duh
   shecksh]
   cheque card o cartão bancário [kar-towng
   ban-kar-yoo]
» TRAVEL TIP: *see* **change**
chest o peito [pay-too]
» TRAVEL TIP: *chest measurements*

UK	34	36	38	40	42	44	46
Portugal	87	91	97	102	107	112	117

chewing gum pastilha elástica [pash-teel-yuh
   eelash-tickuh]
chicken *(food)* frango [fran-goo]
chickenpox a varicela [varee-selluh]
child uma criança [kree-an-suh]
   my children os meus filhos [oosh meh-oosh
   feel-yoosh]
   children's portion meia dose [may-uh doze]
chin o queixo [kay-shoo]
china a porcelana [poor-sullah-nuh]
chips batatas fritas [batah-tush freetush]
   (casino) fichas [feeshush]
chocolate chocolate [shookoolat]

a box of chocolates uma caixa de bombons [oomuh kye-shuh duh bombonsh]

hot chocolate um chocolate quente [oom shookoolat kent]

choke (car) o ar [ar]

chop (noun) uma costeleta [kooshtelettuh]

Christian name nome (de baptismo) [nom duh bateejmoo]

Christmas o Natal [nuh-tal]

Happy Christmas! Feliz Natal! [feleesh . . .]

church a igreja [eegreh-juh]

where is the Protestant/Catholic church? onde é a Igreja Protestante/Católica? [ondee eh uh eegreh-juh proot-shtant/katollikuh]

cider cidra [see-druh]

cigar um charuto [sharootoo]

cigarette um cigarro [see-garroo]

would you like a cigarette? quer um cigarro? [kair oom . . .]

tipped/plain cigarettes . . . com/sem filtro [kong/saim feeltroo]

cine-camera uma câmara de filmar [kammeruh duh feelmar]

cinema o cinema [seeneh-muh]

circle um círculo [seer-kooloo]

(cinema) balcão [bal-cowng]

city a cidade [see-dahd]

clarify clarificar [klarry-feekar]

clean (adjective) limpo [leem-poo]

can I have some clean sheets? mude-me os lençóis, por favor [mood-muh oosh len-soysh, poor fuh-vor]

my room hasn't been cleaned today hoje o meu quarto não foi arrumado [oje oo meh-oo kwar-too nowng foy aroomah-doo]

it's not clean não está limpo [nowng shtah leempoo]

cleansing cream creme de limpeza [crem duh leempeh-zuh]

clear: I'm not clear about it estou com dúvidas acerca disso [shtoh kong doovy-dush assair-kuh dee-soo]

clever esperto [shpair-too]

climate o clima [kleemuh]

cloakroom o vestiário [vushty-ar-yoo]
   (W.C.) os lavabos [oosh lavah-boosh]

clock um relógio [reloj-yoo]

close¹ perto [pair-too]
   (weather) abafado [abafah-doo]

close²: when do you close? a que horas fecha? [a kee orush feshuh]

closed encerrado [enserrah-doo]

cloth pano [pah-noo]; *(rag)* um trapo [trappoo]

clothes a roupa [roh-puh]

cloud uma nuvem [nooveng]

clutch a embraiagem [emb-rye-ah-jeng]
   the clutch is slipping a embraiagem patina

coach a camioneta [kamee-oo-netta]
   coach party um grupo de excursão [oom groopoo dush-koor-sowng]

coast a costa [koshtuh]
   coastguard a guarda costeira [gwarduh koosh-tay-ruh]

coat um casaco [kazah-koo]

cockroach uma barata [barah-tuh]

coffee café [kuffeh]
   white coffee/black coffee um garoto/uma bica [oom garoh-too/oomuh beekuh]

coin uma moeda [moo-eh-duh]

cold frio [free-oo]
   I'm cold tenho frio [ten-yoo . . .]
   I've got a cold apanhei uma constipação [apan-yay oomuh konshteepa-sowng]

collapse: he's collapsed desmaiou [dushma-yoh]

collar a colarinho [koolareen-yoo]

» *TRAVEL TIP: collar sizes*

(old) UK:	14	14½	15	15½	16	16½	17
continental:	36	37	38	39	41	42	43

collarbone a clavícula [klavee-kooluh]
collect: I want to collect . . . venho buscar . . .
[ven-yoo booshkar]
colour a cor [kohr]
    have you any other colours? tem doutras
cores? [teng doh-trush kohrush]
comb um pente [pent]
come vir [veer]
    I come from London sou de Londres [soh duh
lon-drush]
    we came here yesterday chegámos cá ontem
[shugammoosh kah on-teng]
    come on! despache-se! [dush-pashuh-suh]
    come with me venha comigo [ven-yuh
koo-meegoo]
comfortable confortável [komfoortah-vel]
    it's not very comfortable não é muito
confortável [nowng eh mweentoo . . .]
Common Market o Mercado Comum
[merkah-doo koomoong]
communication cord o alarme [alarm]
company uma companhia [kompan-yee-uh]
    you're good company és um tipo bestial [ez
oom teepoo bushtee-al]
compartment *(train)* o compartimento
[komparteementoo]
compass uma bússola [boosooluh]
compensation indemnização
[eendemneezuh-sowng]
    I demand compensation exijo uma
indemnização [eezee-joo oomuh . . .]
complain queixar-se [kay-shar-suh]
    **I want to complain about my room/the
waiter** quero queixar-me do quarto/do
empregado [kairoo kay-shar-muh doo
kwartoo/doo empruh-gah-doo]
    have you got a complaints book? tem um
livro de reclamações? [teng oom leevroo duh
recklamuh-soingsh]
completely completamente [komplettuh-ment]

completo *full up*
complicated: it's very complicated é muito complicado [eh mweentoo komplikah-doo]
compliment: my compliments to the chef transmita ao cozinheiro que tudo estava muito bom [tranj-meetuh ow koozeen-yay-roo kuh toodoo shtah-vuh mweentoo bong]
concert um concerto [konsairtoo]
concussion traumatismo [trowma-teej-moo]
condition a condição [kondee-sowng]
it's not in very good condition não está em muito boas condições [nowng shtah eng mweentoo bo-ush kondee-soingsh]
conference a conferência [konferen-see-uh]
confession a confissão [konfeessowng]
confirm confirmar [konfeermar]
confuse: you're confusing me está a confundir-me [shtah uh konfoondeer-muh]
congratulations parabéns [para-bengsh]
conjunctivitis a conjuntivite [konjoontiveet]
con-man um vigarista [veega-reesh-tuh]
connection *(travel)* a ligação [leega-sowng]
connoisseur um conhecedor [koonyuh-sedor]
conscious consciente [konsh-see-ent]
consciousness: he's lost consciousness ele desmaiou [ehl dush-ma-yoh]
constipation prisão de ventre [preezowng duh ventr]
consul o cônsul [konsool]
consulate o consulado [konsoolah-doo]
contact: how can I contact . . .? como posso contactar . . .? [ko-moo possoo kontactar]
contact lenses lentes de contacto [lentsh duh kontaktoo]
contraceptive um contraceptivo [–septeevoo]
convenient conveniente [konven-yent]
cook: it's not cooked não está bem cozinhado [nowng shtah beng koozeenyah-doo]
it's beautifully cooked está muito bem feito [shtah mweentoo beng fay-too]

you're a good cook é boa cozinheira [eh bo-uh koozeen-yay-ruh]
cooker o fogão [foogowng]
cool fresco [freshkoo]
corkscrew um saca-rolhas [sacka-rol-yush]
corn *(foot)* um calo [kah-loo]
corner: on the corner na esquina [nuh shkeenuh]
  in a corner num canto [noom kantoo]
  can we have a corner table? podemos ficar naquela mesa do canto? [poodeh-moosh feekar nakelluh meh-zuh doo kantoo]
cornflakes 'cornflakes'
correct exacto [eezattoo]
Correio Post Office
cosmetics cosméticos [koojmettikoosh]
cost: what does it cost? quanto custa? [kwantoo kooshtuh]
  that's too much é muito caro [eh mweentoo kah-roo]
  I'll take it levo isso [levvoo ee-soo]
cotton algodão [al-goo-downg]
  cotton wool algodão
couchette beliche [beleesh]
cough *(noun)* tosse [tohss]
  cough drops rebuçados para a tosse [reboosah-doosh prah tohss]
could: could you please . . .? pode . . . por favor? [pod . . . poor fuh-vor]
  could I have . . .? pode dar-me . . .? [pod dar-muh]
country o país [pa-eesh]
  in the country no campo [noo kampoo]
couple: a couple of . . . um par de . . .
courier o guia turístico [ghee-uh tooreeshtikoo]
course *(of meal)* prato [prah-too]
  of course! claro! [klah-roo]
court: I'll take you to court vou processá-lo [voh proo-sessah-loo]

cousin: my cousin o meu primo [oo meh-oo
preemoo]
cover: keep him covered tapem-no
[tapeng-noo]
  cover charge imposto adicional [eemposhtoo
adeess-yoo-nal]
cow uma vaca [vah-kuh]
crab um caranguejo [karangheh-joo]
craft shop uma loja de artigos regionais [lojjuh
darteegoosh rej-yoon-eye-sh]
crash: there's been a crash houve um desastre
[ove oom dezash-truh]
  crash helmet um capacete [kap-a-set]
crazy: you're crazy tu és doido [too esh
doy-doo]
cream creme [crem]
creche uma 'creche'
credit card um cartão de crédito [kartowng duh
kreditoo]
crisis uma crise [kreez]
crisps batatinhas [batateen-yush]
crossroads um cruzamento [kroozuh-mentoo]
crowded apinhado [apeen-yah-doo]
cruise um cruzeiro [kroozay-roo]
crutch uma muleta [moolettuh]
  (of body) as ilhargas [uz eel-yar-gush]
cry chorar [shoorar]
  don't cry não chore [nowng shore]
cuidado caution
cup uma chávena [shavven-uh]
  a cup of coffee um café [oom kuffeh]
cupboard um armário [armar-yoo]
curry caril [kareel]
curtains cortinas [koorteenush]
cushion uma almofada [oomuh almoofah-duh]
Customs Alfândega [al-fan-dugguh]
cut: I've cut myself cortei-me [koor-tay-muh]
cycle: can we cycle there? podemos ir até lá de
bicicleta [poodeh-mooz eer ateh lah duh
bee-see-klettuh]

cylinder o cilindro [see-*lee*n-droo]
   cylinder-head gasket junta para cabeça de
   cilindro [*joon*tuh para kabeh-suh duh . . .]
dad(dy) paizinho [pye-*zee*n-yoo]
damage: I'll pay for the damage pago os
   estragos [p*ah*-goo oosh shtr*ah*-goosh]
   it's damaged está amachucado [shtah
   amashook*ah*-doo]
damn! raios me partam! [rye-oosh muh
   p*a*rtowng]
damp húmido [*oo*midoo]
dance: is there a dance on? vai haver baile?
   [vye av*ai*r byle]
   would you like to dance? quer dançar? [kair
   dans*a*r]
dangerous perigoso [pereeg*oh*-zoo]
dark escuro [shk*oo*roo]
   dark blue azul-marinho [az*oo*l-mar*ee*n-yoo]
   when does it get dark? a que horas anoitece?
   [a kee *o*r-uz a-noy-te*ss*]
darling querido [ker*ee*doo]
   (to woman) querida [ker*ee*duh]
dashboard o painel [pye-n*el*]
date: what's the date? a quantos estamos hoje?
   [uh kw*a*ntoosh sht*ah*-mooz ohj]
   it's the 6th of May é seis de Maio [eh s*a*ysh
   duh m*ah*-yoo]
   in 1982 em mil novecentos e oitenta e dois [eng
   meel nov-s*e*ntooz ee oy-t*e*ntee doysh]
   can we make a date? podemos
   encontrarmo-nos outra vez? [poodeh-m*o**u*z
   enkontr*a*rmoo-nooz *o*h-truh vesh]
   (fruit) tâmaras [t*a*mma-rush]
» *TRAVEL TIP: to say the date in Portuguese just use
   the ordinary number; see page 127 for a list of
   numbers*
daughter: my daughter minha filha
   [m*ee*n-yuh f*ee*l-yuh]
day o dia [*dee*-uh]
dazzle: his lights were dazzling me as luzes

dele encandearam-me [ush loozush dehl enkandy-ah-rowng-muh]

dead morto [mor-too]

deaf surdo [soor-doo]

  deaf-aid um aparelho para a surdez [oom aparel-yoo prah soordesh]

deal um negócio [negoss-yoo]

  it's a deal negócio fechado [. . . feshah-doo]

  will you deal with it? quer tratar disso? [kair tratar dee-soo]

dear *(expensive)* caro [kah-roo]

  Dear Sir Exmo. Senhor

  Dear Madam Exma. Senhora

  Dear Francisco querido Francisco; *(written by man)* caro Francisco

December Dezembro [dezembroo]

deck o convés [konvesh]

  deckchair uma cadeira de lona [kaday-ruh duh lonnuh]

declare: I have nothing to declare não tenho nada a declarar [nowng ten-yoo nah-duh uh duh-klarar]

deep fundo [foondoo]

  is it deep? é fundo? [eh . . .]

defendant o réu [reh-oo]

delay: the flight was delayed o voo foi atrasado [oo voh-oo foy atrazah-doo]

deliberately de propósito [duh proopozitoo]

delicate *(person)* débil [debeel]

delicatessen charcutaria [sharkoota-ree-uh]

delicious delicioso [deleess-yoh-zoo]

delivery a distribuição

  is there another mail delivery? há alguma outra distribuição de correio? [ah algoomuh oh-truh dush-treeb-wee-sowng duh koo-rayoo]

de luxe de luxo [duh loo-shoo]

democratic democrático [duh-mookrattikoo]

dent uma amolgadela [amolga-delluh]

  you've dented my car amolgou-me o carro [amolgoh-muh oo karroo]

dentist o dentista [dent*ee*shtuh]
YOU MAY THEN HEAR ...
abra a boca [*a*h-brah uh boh-kuh] *open wide*
bocheche, por favor [boo-sh*e*sh, poor fuh-v*o*r]
rinse, please
dentures a dentadura postiça [dentad*oo*ruh
poosht*ee*-suh]
deny: I deny it nego isso [n*e*ggoo *ee*-soo]
deodorant um desodorizante
[dezoh-door*ee*zant]
departure a partida [part*ee*-duh]
depend: it depends (on ...) depende (de)
[duh-p*e*nd duh]
deport deportar [duh-poort*a*r]
deposit um depósito [duh-p*o*zzeetoo]
do I have to leave a deposit? tenho de deixar
algum depósito? [t*e*n-yoo duh day-sh*a*r ...]
depressed deprimido [duh-preem*ee*doo]
depth a profundidade [proofoondid*a*hd]
desperate: I'm desperate for a drink
apetece-me imenso beber qualquer coisa
[upt*e*ss-muh eem*e*nsoo buh-b*ai*r kwalk*ai*r
k*o*y-zuh]
depósito de bagagem *left luggage*
dessert a sobremesa [soh-bruh-m*e*h-zuh]
destination o destino [dusht*ee*noo]
desvio *diversion*
detergent um detergente [duh-terj*e*nt]
detour um desvio [dujv*ee*oo]
devagar *slow*
devalued desvalorizado [dujvaloor*ee*z*a*h-doo]
develop: could you develop these? pode
revelar-mas? [pod ruh-vel*a*r-mush]
diabetic diabético [dee-ab*e*ttikoo]
dialling code o código [k*o*ddy-goo]
diamond um diamante [dee-am*a*nt]
diarrhoea a diarreia [dee-ar*a*yuh]
have you got something for diarrhoea? tem
algum anti-laxante? [teng alg*oo*m
anti-lash*a*nt]

diary uma agenda [ajenduh]
dictionary um dicionário [dee-see-oonaree-oo]
die morrer [moo-rair]
  he's dying está a morrer [shtah . . .]
diesel *(fuel)* gasóleo [gazoll-yoo]
diet dieta [dee-ettuh]
  I'm on a diet estou a fazer dieta [shtoh uh
  fuh-zair . . .]
different: they are different são diferentes
  [sowng deef-rentsh]
  can I have a different room? posso ter um
  outro quarto? [possoo tair oom oh-troo
  kwar-too]
  is there a different route? há alguma outra
  estrada?
  [ah algoomuh oh-truh shtrah-duh]
difficult difícil [difee-seel]
digestion a digestão [dee-jush-towng]
dinghy um bote [bot]
dining room a sala de jantar
dinner o jantar [jantar]
  dinner jacket um 'smoking'
dipped headlights faróis médios [faroysh
  med-yoosh]
direct direito
  does it go direct? vai direito? [vye deeray-too]
dirty sujo [soo-joo]
disabled deficiente [duh-feess-yent]
disappear desaparecer [duzza-par-sair]
  it's just disappeared desapareceu mesmo
  [duzza-par-seh-oo mej-moo]
disappointing: it was disappointing foi uma
  desilusão [foy oomuh duzzee-loozowng]
disco uma boîte [bwat]
  see you in the disco encontramo-nos mais
  tarde na boîte [encontrah-moo-noosh my-sh
  tard nuh bwat]
discount um desconto [dush-kontoo]
disgusting nojento [noo-jentoo]
dish o prato [prah-too]

....

dishonest desonesto [duz-oh-n*e*shtoo]
disinfectant desinfectante [duzzeenfect*a*nt]
dispensing chemist uma farmácia
[farm*a*ss-yuh]
» *TRAVEL TIP: see* **chemist**
distance: in the distance à distância [ah
deesh-t*a*nss-yuh]
distress signal um envio de S.O.S. [emv*ee*-oo
duh . . .]
distributor *(car)* o distribuidor
[dushtree-bwee-d*o*r]
disturb: the noise is disturbing us o barulho
perturba-nos [oo bar*oo*l-yoo pert*oo*rbuh-noosh]
divorced divorciado [dee-voor-see-*a*h-doo]
do: how do you do? muito prazer [mw*ee*ntoo
praz*ai*r]
what are you doing tonight? o que fazes esta
noite? [oo kuh f*a*h-zush *e*sh-tuh noyt]
how do you do it? como é que faz isso?
[k*o*-moo eh kuh faz *ee*-soo]
will you do it for me? faz isso por mim? [faz
ee-soo poor meeng]
I've never done it before nunca fiz isso antes
[nunca feez *ee*-soo antsh]
I was doing 60 kph ia a sessenta quilómetros
por hora [*ee*-uh uh sess*e*ntuh keel*o*mmetroosh
poor *o*r-uh]
he did it fê-lo [f*e*h-loo]
doctor o médico [m*e*ddikoo]
I need a doctor preciso dum médico
[pres*ee*-zoo doom m*e*ddikoo]
» *TRAVEL TIP: look under 'médicos' in the yellow
pages (páginas amærelas); see* **hospital**
YOU MAY HEAR . . .
já sofreu disto alguma vez? *have you had this
before?*
onde é que dói? *where does it hurt?*
já está a tomar qualquer medicamento? *are you
taking any drugs?*
tome um/dois destes: de três em três horas/todos

os dias/duas vezes ao dia *take one/two of these:*
every three hours/every day/twice a day
document um documento [dookoom*e*ntoo]
dog um cão [kowng]
don't não faças isso [nowng f*a*ss-uz *ee*-soo]
see **not**
door a porta [p*o*r-tuh]
dosage a dosagem [doo-z*a*h-jeng]
double: double room um quarto duplo
[kw*a*rtoo d*o*o-ploo]
double whisky um whisky duplo
down: get down baixar [by-sh*a*r]
downstairs em baixo [em by-shoo]
drain o cano de esgoto [k*a*h-noo deej-g*o*h-too]
drawing pin um pionés [pee-oon*e*sh]
dress um vestido [vesht*ee*doo]
» *TRAVEL TIP: dress sizes*

UK		10	12	14	16	18	20
Portugal	38	40	42	44	46	48	

dressing gown um roupão [roh-p*o*wng]
drink *(verb)* beber [beb*ai*r]
(alcoholic) um copo [oom k*o*ppoo]
would you like a drink? deseja tomar
alguma bebida? [dez*e*h-juh toom*a*r alg*oo*muh
bub*ee*duh]
I don't drink não bebo [nowng b*e*boo]
is the water drinkable? a água é potável? [uh
*a*h-gwuh eh poot*a*h-vel]
drive guiar [ghee-*a*r]
I've been driving all day tenho guiado todo o
dia [t*e*n-yoo ghee-*a*h-doo t*o*h-doo d*ee*-uh]
driver o condutor [kondoot*o*r]
driving licence a carta de condução [k*a*rtuh duh
kondoo-s*o*wng]
» *TRAVEL TIP: driving in Portugal: always carry*
your licence and registration papers; seat belts
are compulsory once out of town
drown: he's drowning está a afogar-se [shtah
afoog*a*r-suh]
drug um medicamento [meddikam*e*ntoo]

drunk bêbedo [bebdoo]
dry seco [seh-koo]
    dry-clean limpar a seco [leempar uh seh-koo]
duche *shower*
due: when is the bus due? a que horas chega o
    autocarro? [uh kee or-ush sheguh oo
    ow-too-karroo]
during durante [doorant]
dust o pó [poh]
duty-free *(shop)* a 'free-shop'
dynamo o dínamo [deena-moo]
e/esq. = *left*
each: can we have one each? pode ser um para
    cada um de nós? [pod sair oom para kah-duh
    oom duh nosh]
    how much are they each? quanto é cada um?
    [kwantoo eh kah-duh oom]
ear a orelha [orel-yuh]
    I have earache tenho dor de ouvidos [ten-yoo
    dor doh-veedoosh]
early cedo [seh-doo]
    we want to leave a day earlier queremos
    partir um dia antes [kreh-moosh perteer oom
    dee-uh antsh]
earrings brincos [breenkoosh]
east este [esht]
easy fácil [fah-seel]
Easter a Páscoa [pash-kwuh]
eat comer [koo-mair]
    something to eat alguma coisa para comer
    [algoomuh koy-zuh para koo-mair]
egg um ovo [oh-voo]
Eire a República do Eire [repooblikuh doo ayr]
either: either . . . or . . . ou . . . ou . . . [oh . . .
    oh]
    I don't like either não gosto de nenhum
    [nowng gosh-too duh nun-yoom]
elastic elástico [eelashtikoo]
    elastic band uma fita elástica [feetuh
    eelashtikkuh]

elbow o cotovelo [ko-toovelloo]
electric eléctrico [eeletrikoo]
   electric blanket um cobertor eléctrico [oom koobertor . . .]
   electric fire um aquecedor eléctrico [oom akussdor . . .]
electrician um electricista [eeletree-seeshtuh]
electricity a electricidade [eeletree-seedahd]
elegant elegante [eelagant]
elevador lift
else: **something else** uma outra coisa [oomuh oh-truh koy-zuh]
   somewhere else noutra parte [noh-truh part]
   let's go somewhere else vamos a qualquer outro sítio [vah-mooz uh kwalkair oh-troo seet-yoo]
   or else ou senão [oh sunnowng]
embarrassing embaraçoso [embarra-soh-zoo]
embarrassed aflito [afleetoo]
embassy a embaixada [em-by-shah-duh]
emergency uma emergência [ee-mer-jensee-uh]
empty vazio [vazee-oo]
empurre push
encerrado closed
enclose: **I enclose . . .** incluo . . . [eenkloo-oo]
encomendas parcels
end o fim [oo feeng]
   when does it end? quando termina? [kwandoo termeenuh]
engaged *(telephone, toilet)* ocupado [oh-koopah-doo]
   (person) noivo [noy-voo]
engagement ring o anel de noivado [anel duh noy-vah-doo]
engine o motor [mootor]
   engine trouble um problema no motor [oom prooblemmuh noo . . .]
England Inglaterra [eenglaterruh]

English inglês [eengl*e*sh]

enjoy: I enjoyed it very much gostei imenso
[gooht*a*y ee-m*e*n-soo]

enlargement *(photo)* uma ampliação
[amplee-uss*o*wng]

enormous enorme [ee-n*o*rm]

enough: thank you, that's enough chega,
obrigado [sh*e*gguh, oh-bree-g*a*h-doo]

entertainment divertimentos
[deevertee-mentoosh]

entrada *entrance*

entrada proibida *no entry*

entrance a entrada [entr*a*h-duh]

entry a entrada [entr*a*h-duh]

envelope um envelope [emvel*o*p]

equipment material [maturry-*a*l]

error um erro [*e*rroo]

esc. *= escudos*

escalator escadas rolantes [shk*a*h-dush
roo-l*a*ntsh]

especially especialmente [eesh-puss-yal-m*e*nt]

essential essencial [eesenss-y*a*l]
  it is essential that . . . é essencial que . . .
  [eh . . . kuh]

estacionamento proibido *no parking*

Europe a Europa [eh-ooroh-puh]

evacuate abandonar [abandoon*a*r]

even: even the British até os Britânicos [at*e*h
oosh breet*a*h-nikoosh]

evening a tarde [tard]
  in the evening à tarde [ah tard]
  this evening esta tarde [*e*shtuh . . .]
  good evening boa tarde [bo-uh . . .]
  evening dress traje de noite [trahj duh noyt]

ever: have you ever been to . . .? já alguma
vez esteve em . . .? [jah alg*oo*muh vesh shtev
eng]

every: every day todos os dias [t*o*h-dooz oosh
d*ee*-ush]
  everyone toda a gente [t*o*h-dah jent]

everything tudo [*too*doo]
everywhere em toda a parte [eng . . .]
evidence provas [pr*o*vvush]
exact exacto [eez*a*ttoo]
example um exemplo [eez*e*mploo]
  for example por exemplo [poor . . .]
excellent excelente [eesh-sel*e*nt]
except: except me salvo eu [s*a*lvoo *eh*-oo]
excess o excesso [eesh-s*e*ssoo]
  excess baggage um excesso de bagagem
exchange *(money)* kâmbio [k*a*mb-yoo]
  (telephone) a central telefónica [sentr*a*l
  tull-f*o*nnikuh]
exciting emocionante [ee-mooss-yoon*a*nt]
excursion uma excursão [eesh-koor-s*o*wng]
excuse: excuse me *(to get past, etc.)* com licença
  [kong lees*e*nsuh]
  (to get attention) se faz favor [suh fash fuh-vor]
  (apology) desculpe [dush-k*oo*lp]
exhaust *(car)* o escape [shcap]
exhausted cansado [kans*a*h-doo]
exhibition uma exposição [eesh-poozee-s*o*wng]
exhibitor o expositor [eesh-poozit*o*r]
exit a saída [suh-*ee*duh]
expect: she's expecting está à espera de bebé
  [shtah ash-p*ai*r-uh duh beb*e*h]
expenses: it's on expenses vou com ajudas de
  custo [voh kong aj*oo*dush duh k*oo*shtoo]
expensive caro [k*a*h-roo]
expert um perito [per*ee*too]
explain explicar [shpleek*a*r]
  would you explain that slowly? pode
  explicá-lo mais devagar? [pod shpleek*a*h-loo
  my-sh duh-vag*a*r]
export *(noun)* a exportação [eesh-poorta-s*o*wng]
exposure meter um fotómetro [foot*o*metroo]
extra: an extra glass/day mais um copo/dia
  [myze oom k*o*ppoo/d*ee*-uh]
  is that extra? isso é um extra? [*ee*-soo eh oom
  *e*shtruh]

....

extremely extremamente [eesh-tremma-ment]
eye o olho [ohl-yoo]
  eyebrow sobrancelha [soh-bran-sell-yuh]
  eyeshadow sombra
  eye witness uma testemunha ocular
  [tushtamoon-yuh oh-koolar]
face a cara [kah-ruh]
fact o facto [factoo]
factory uma fábrica [fabrikkuh]
Fahrenheit Fahrenheit
» *TRAVEL TIP: to convert F to C:* $F - 32 \times \dfrac{5}{9} = C$

Fahrenheit	23	32	50	59	70	86	98.4
centigrade	−5	0	10	15	21	30	36.9

faint: she's fainted desmaiou [dushma-yoh]
fair *(fun)* a feira [fay-ruh]
  (commercial) a feira
  that's not fair não é justo [nowng eh jooshtoo]
faithfully: yours faithfully com os melhores
  cumprimentos
fake *(noun)* uma falsificação
  [fal-seefeeka-sowng]
fall: he's fallen caiu [kuh-yoo]
false falso [fal-soo]
  false teeth a dentadura postiça [dentadoo-ruh
  poosh-tee-suh]
family a família [fameel-yuh]
fan *(mechanical)* uma ventoinha
  [ventoo-een-yuh]
  (hand held) um leque [leck]
  (football) entusiasta [entoozee-ashtuh]
  fan belt a correia da ventoinha [koo-rayuh
  duh ventoo-eenyuh]
far longe [lonj]
  is it far? é longe? [eh lonj]
  how far is it? qual é a distância? [kwal eh uh
  deesh-tanss-yuh]
fare *(travel)* o bilhete [beelyet]
farm a quinta [keentuh]
farther mais longe [my-sh lonj]

fashion a moda [m*o*dduh]
fast rápido [r*a*peedoo]
   don't speak so fast não fale tão depressa
   [nowng fal towng duh-pressuh]
fat *(adjective)* gordo [gor-doo]
   (on meat) gordura [goord*oo*ruh]
fatal mortal [moor-t*a*l]
father: my father meu pai [m*e*h-oo pye]
fathom uma braça [br*a*h-suh]
fault *(defect)* um defeito [duff*a*y-too]
   it's not my fault a culpa não é minha [uh
   k*oo*lpuh nowng eh m*ee*n-yuh]
favourite *(adjective)* favorito [favoor*ee*too]
February Fevereiro [fuvr*a*y-roo]
fechado closed
fed up: I'm fed up estou farto [shtoh f*a*rtoo]
feel: I feel cold/hot estou com frio/calor [shtoh
   kong fr*ee*-oo/kuh-l*o*r]
   I feel sad estou triste [shtoh tr*ee*sht]
   I feel like ... apetece-me ... [upt*e*ss-muh]
ferry o barco de passageiros [b*a*rkoo duh
   passuh-j*a*y-roosh]
fetch: will you come and fetch me? vem
   buscar-me? [veng booshk*a*r-muh]
fever febre [f*e*bruh]
few: only a few só uns poucos [so oonsh
   poh-koosh]
   a few days só uns dias [so oonsh d*ee*-ush]
fiancé/e noivo/a [n*o*y-voo/-vuh]
fiddle: it's a fiddle é uma vigarice [eh oomuh
   veeg*a*r*ee*ss]
field um campo [k*a*mpoo]
fifty-fifty a meias [uh m*e*yyush]
figs figos [f*ee*goosh]
figure a figura [feeg*oo*ruh]
   (number) o algarismo [alg*a*r*ee*j-moo]
   I'm watching my figure olho para a minha
   figura [ol-yoo prah m*ee*n-yuh ...]
fill: fill her up encha o depósito, por favor
   [enshuh oo duh-pozitoo poor fuh-v*o*r]

....

to fill in a form preencher um impresso
[pree-ensh*ai*r oom eempre*ss*oo]
fillet um filete [feel*e*t]
filling *(tooth)* uma obturação [obt*oo*ruh-sowng]
film um filme [feelm]
  do you have this type of film? tem este tipo
de película? [teng *e*h-shtuh t*ee*poo duh
pel*ee*kooluh]
filter filtro [f*ee*ltroo]
  filter or non-filter? com filtro ou sem filtro?
[kong f*ee*ltroo oh saim f*ee*ltroo]
find encontr*a*r
  if you find it se o encontrar [see oo ...]
  I've found a ... encontrei um ...
[enkontr*a*y ...]
fine *(weather)* bom [bong]
  a 500 escudos fine uma multa de quinhentos
escudos [oomuh m*oo*ltuh duh keen-y*e*ntoosh
shk*oo*doosh]
  OK, that's fine está bem [shtah beng]
finger um dedo [d*e*h-doo]
  fingernail a unha [*oo*n-yuh]
finish: I haven't finished não terminei [nowng
termeen*a*y]
fire! fogo! [f*o*h-goo]
  can we light a fire here? podemos fazer aqui
uma fogueira? [pood*e*h-moosh faz*ai*r ak*ee*
*oo*muh foo-g*a*y-ruh]
  it's not firing *(car)* a corrente não chega às
velas [uh koor*e*nt nowng sheg ash v*e*llush]
  fire brigade os bombeiros [oosh
bomb*a*y-roosh]
  fire extinguisher um extintor [shteent*o*r]
» *TRAVEL TIP: dial 32 22 22*
first primeiro [pree-m*a*y-roo]
  I was first eu cheguei primeiro [*e*h-oo
shugg*a*y ...]
  first aid primeiros socorros [pree-m*a*y-roosh
sook*o*rroosh]

first aid kit a caixa de primeiros socorros [uh kye-shuh duh . . .]
first class primeira classe
first name nome de baptismo [nom duh bateej-moo]
the first of . . . um de . . . [oom duh]
fish peixe [paysh]
  fishing rod/tackle cana/apetrechos de pesca [kah-nuh/uptreshoosh duh pesh-kuh]
five cinco [seenkoo]
fix: can you fix it? *(arrange, repair)* pode arranjá-lo? [pod arranjah-loo]
fizzy espumoso [shpoomoh-zoo]
flag a bandeira [banday-ruh]
flash *(photo)* um flash
flat plano [plah-noo]; *(apartment)* um apartamento [apartamentoo]
  this drink is flat esta bebida está morta [eshtuh bebeeduh shtah mor-tuh]
  I've got a flat *(tyre)* tenho um pneu furado [ten-yoo oom pneh-oo foorah-doo]
flavour o sabor
flea uma pulga [poolguh]
flight o voo [voh-oo]
flirt *(verb)* namoriscar [namooreeshkar]
float *(verb)* boiar [boyar]
floor o chão [showng]
  on the second floor no segundo andar [noo segoondoo andar]
  on the floor no chão [noo showng]
flower uma flor
flu uma gripe [oomuh greep]
fly *(insect)* uma mosca [moshkuh]
foggy enevoado [eenev-wah-doo]
follow seguir [suggeer]
food a comida [koomeeduh]
  food poisoning envenenamento alimentar [envenenna-mentoo aleementar]
  see pages 70–71
fool tolo [toh-loo]

foot o pé [peh]; **football** o futebol
[foo-tbol]; *(ball)* uma bola [bolluh]
» *TRAVEL TIP: 1 foot = 30.1 cm = 0.3 metres*
for para
forbidden proibido [proo-eebeedoo]
foreign: foreign exchange câmbio estrangeiro
[kamb-yoo shtran-jay-roo]
  foreigner um estrangeiro [shtran-jay-roo]
forest a floresta [floreshtuh]
forget esquecer-se [shkuh-sair-suh]
  I forget, I've forgotten não me lembro
[nowng muh lembroo]
  don't forget não se esqueça [nowng
sushkessuh]
  I'll never forget you nunca te esquecerei
[noonkuh tushkussa-ray]
fork um garfo [garfoo]
form *(document)* um impresso [eempressoo]
formal *(person)* cerimonioso
[surry-moon-yoh-zoo]
  (dress) de noite [duh noyt]
fortnight uma quinzena [keen-zennuh]
forward *(adverb)* para a frente [prah frent]
  forwarding address futuro endereço
[footooroo enderessoo]
  could you please forward my mail? pode
enviar-me o correio posteriormente? [pod
emvee-ar-muh oo koo-rayoo
poosh-turry-or-ment]
foundation cream creme de base [krem duh
bahz]
fracture uma fractura [fractooruh]
fragile frágil [frah-jeel]
France França [fransuh]
fraud a fraude [frowd]
free livre [leevruh]
  admission free entrada gratuita [entrah-duh
grat-weet-uh]
freight mercadorias [merkadoo-ree-yush]
French francês [fransesh]

Friday sexta-feira [seshtuh fay-ruh]
fridge um frigorífico [freegooreefikkoo]
fried egg um ovo estrelado [oh-voo shtrelah-doo]
friend um amigo [ameegoo]
friendly simpático [seempattikoo]
frio cold
from de [duh]
  where is it from? donde é? [dondy-eh]
front a frente [frent]
  in front of you em frente de si [aim frent duh see]
  at the front à frente [ah . . .]
frost a geada [jee-ah-duh]
frozen gelado [jelah-doo]
fruit fruta [frootuh]
  fruit salad uma salada de frutas [salah-duh duh frootush]
fry fritar [freetar]
  nothing fried nada frito [nah-duh freetoo]
  frying pan uma frigideira [freejeeday-ruh]
full cheio [shayoo]
fumadores smokers
fun: it's fun é divertido [eh deeverteedoo]
funny *(strange)* estranho [shtran-yoo]
  (comical) engraçado [engrassah-doo]
furniture os móveis [oosh movvaysh]
further mais longe [my-sh lonj]
fuse um fusível [foozeevel]
future futuro [footooroo]
  in future no futuro [noo . . .]
gale uma rajada [rajah-duh]
gallon um galão [galowng]
» *TRAVEL TIP: 1 gallon = 4.55 litres*
gallstone um cálculo biliar [kalkooloo beel-yar]
gamble jogar [joogar]
gammon fiambre [fee-ambruh]
garage *(repair)* uma garagem [garah-jeng]
  (petrol) uma bomba de gasolina [bombuh duh gazooleenuh]; *(parking)* um estacionamento [ishtuss-yoona-mentoo]

» *TRAVEL TIP: petrol stations do not usually have any mechanics, so look for nearest general garage or 'garagem de serviço'*

garden o jardim [jardeeng]

garlic o alho [al-yoo]

gas gás [gash]

(petrol) gasolina [gazooleenuh]

  gas cooker um fogão a gás [foogowng uh gash]

  gas cylinder uma bilha de gás [beel-yuh duh gash]

gasket uma junta [joontuh]

gay *(homosexual)* uma bicha [beesh-uh]

gear *(car)* a mudança de velocidades [moodan-suh duh veloosidah-dush]

(equipment) o equipamento [eekeep-amentoo]

  gearbox trouble um problema na caixa de velocidades [proobleh-muh nuh kye-shuh duh veloosidah-dush]

  gear lever a alavanca das mudanças [alavankuh dush moodan-sush]

  I can't get it into gear não posso meter a mudança [nowng possoo metair uh moodan-suh]

gelo ice

gents Homens [ommengsh]

gesture um gesto [jeshtoo]

get: will you get me a ...? traga-me um ... [trah-guh muh ...]

  how do I get to ...? como vou para ...? [ko-moo voh para]

  where can I get a bus for ...? onde posso apanhar um autocarro para ...? [onduh possoo apanyar oom owtoo-karroo para]

  when can I get it back? quando me devolvem isso? [kwandoo muh duh-volveng ee-soo]

  when do we get back? a que horas voltamos? [uh kee or-ush voltah-moosh]

  where do I get off? onde é que saio? [ondy eh kuh sa-yoo]

gin um gin

gin and tonic um gin-tónico [jin-tonnikoo]
girl uma rapariga [ruppareeguh]
  my girlfriend a minha namorada [uh meen-yuh namoorah-duh]
give dar
  will you give me . . .? dá-me . . .? [dah-muh]
  I gave it to him dei-lho [day-l-yoo]
glad satisfeito [sateesh-fay-too]
gland a glândula [glandooluh]
  glandular fever febre glandular [februh glandoolar]
glass vidro [veedroo]
  (drinking) um copo [koppoo]
  a glass of water um copo de água [oom koppoo dah-gwuh]
glasses óculos [ockooloosh]
gloves luvas [loovush]
glue cola [kólluh]
go: can I have a go? posso tentar também? [possoo tentar tambeng]
  where are you going? aonde vai? [uh-onduh vye]
  my car won't go o meu carro não anda [oo meh-oo karroo nowng anduh]
  when does the bus go? a que horas parte o autocarro? [uh kee orush part oo ow-tookarroo]
  go on! vai, continua! [vye kontinoo-uh]
  the bus has gone o autocarro já partiu [oo ow-tookarroo jah pert-yoo]
  he's gone foi-se embora [foy-suh embor-uh]
goal um golo [go-loo]
goat uma cabra [kah-bruh]
  goat's cheese queijo de cabra [kay-joo . . .]
god deus [deh-oosh]
gold ouro [oh-roo]
golf o golf
good bom/boa [bong/bo-uh]
  good! bom!
goodbye adeus [a-deh-oosh]
gooseberry uva-espim [oovuh shpeeng]

....

got: have you got . . .? tem . . .? [taing . . .]
GNR = *National Guard (provincial police)*
gramme uma grama [gr*a*h-muh]
» *TRAVEL TIP: 100 grammes = approx 3½ oz*
grand: grandfather o avô [av*o*h]
   grandmother a avó [av*o*]
   grandson o neto [n*e*ttoo]
   grand-daughter a neta [n*e*ttuh]
grapefruit toranja [toor*a*njuh]
   grapefruit juice sumo de toranja [s*oo*moo . . .]
grapes uvas [*oo*vush]
grass a relva [r*e*lvuh]
grateful grato [gr*a*h-too]
   I'm very grateful to you estou-lhe muito
   agradecido [sht*o*hl-yuh mw*ee*ntoo
   agrud-s*ee*doo]
gratitude a gratidão [grateed*o*wng]
   as a sign of our gratitude como sinal da nossa
   estima [k*o*-moo seen*a*l duh n*o*ssuh sht*ee*muh]
gravy molho [m*o*le-yoo]
grease gordura [goord*oo*ruh]
greasy gorduroso [goordoor*o*h-zoo]
great grande [gr*a*nd]
   great! porreiro! [poorr*a*y-roo]
greedy avaro [av*a*h-roo]
   (for food) guloso [gool*o*h-zoo]
green verde [vaird]
   greengrocer's o lugar [loog*a*r]
   green card carta verde [k*a*rtuh vaird]
grey cinzento [seenz*e*ntoo]
gristle cartilagem [karteel*a*h-jeng]
grocer's a mercearia [mersee-ar*ee*-uh]
ground o chão [sh*o*wng]
   on the ground no chão [noo . . .]
   on the ground floor no rés do chão [noo resh
   doo sh*o*wng]
group grupo [gr*oo*poo]
   our group leader o chefe do nosso grupo [oo
   shef doo n*o*ssoo gr*oo*poo]
   I'm with the English group estou com o

grupo inglês [shtoh kong oo groopoo eenglesh]
guarantee uma garantia [garahn-*tee*-uh]
  is there a guarantee? tem garantia?
  [taing ...]
guest um convidado [konveedah-doo]
  guesthouse hospedaria [oshpud-ar*ee*-uh]
guide um guia [gh*ee*-uh]
guilty culpado [koolp*a*h-doo]
guitar uma viola [vee-*o*lluh]
gum *(mouth)* a gengiva [jenj*ee*vuh]
gun uma pistola [peesht*o*lluh]
gynaecologist um ginecologista
  [jeenuh-kooloo*jee*shtuh]
hair o cabelo [kab*e*h-loo]
  hairbrush uma escova de cabelo [shk*o*vvuh
  duh ...]
  where can I get a haircut? onde posso cortar
  o cabelo? [*o*nduh p*o*ssoo koort*a*r ...]
  is there a hairdresser's here? há, aqui,
  algum cabeleireiro? [ah ak*ee* algoom
  kubbalay-r*a*y-roo]
half a metade [meet*a*hd]
  a half portion meia dose [m*e*yyuh doze]
  half an hour meia hora [m*e*yyuh *o*r-uh]
ham presunto [prez*oo*ntoo]
  hamburger um hamburger [amb*oo*rguh]
hammer um martelo [mart*e*lloo]
hand a mão [mowng]
  handbag uma mala de senhora [m*a*h-luh duh
  sun-y*o*ruh]
  handbrake o travão de mão [travowng duh
  mowng]
handkerchief um lenço [l*e*nsoo]
handle *(door)* o fecho [f*e*h-shoo]
  (cup) a asa [*a*h-zuh]
hand luggage bagagem de mão [bag*a*h-jeng duh
  mowng]
handmade feito à mão [f*a*y-too ah mowng]
handsome bonito [boon*ee*too]
hanger um cabide [kab*ee*d]

hangover uma ressaca [ress*a*h-kuh]
  my head is killing me a minha cabeça parece
  que estoira [uh m*ee*n-yuh kab*e*h-suh par*e*ss kuh
  sht*oy*-ruh]
happen acontecer [akontuss*ai*r]
  I don't know how it happened não sei como
  aconteceu [nowng say k*o*-moo akontuss*e*h-oo]
  what's happening/happened? o que está a
  acontecer/aconteceu? [oo kuh shtah uh . . .]
happy contente [kont*e*nt]
harbour o porto [p*o*rtoo]
hard duro [d*oo*roo]
  (difficult) difícil [deef*ee*seel]
  hard-boiled egg um ovo duro [*o*h-voo d*oo*roo]
  push hard empurre com força [emp*oo*rr kong
  f*o*rsuh]
harm *(noun)* mal
hat um chapéu [shap*e*h-oo]
hate: I hate . . . detesto . . . [duh-t*e*shtoo]
have ter [tair]
  I have no time não tenho tempo [nowng
  t*e*n-yoo t*e*mpoo]
  do you have any cigars/a map? tem
  charutos/um mapa? [teng shar*oo*toosh/oom
  m*a*h-puh]
  can I have some water/some more? pode
  trazer-me um copo de água/mais? [pod
  traz*ai*r-muh oom k*o*ppoo d*a*hg-wuh/my-sh]
  I have to leave tomorrow amanhã tenho de
  partir [aman-y*a*ng t*e*n-yoo duh pert*ee*r]
hay fever febre dos fenos [f*e*bruh doosh
  f*e*h-noosh]
he ele [ehl]
  does he live here? mora aqui? [m*o*r-uh ak*ee*]
  he is my friend é o meu amigo [eh oo m*e*h-oo
  am*ee*goo]
  he is ill está doente [shtah doo-*e*nt]
head a cabeça [kab*e*h-suh]
  headache uma dor de cabeça
  headlight o farol

head waiter o chefe de mesa [shef duh meh-zuh]
head wind vento de proa [ventoo duh proh-uh]
health a saúde [sa-ood]
   your health! à sua saúde! [ah soo-uh sa-ood]
healthy saudável [sowdah-vel]
hear: I can't hear não ouço [nowng oh-soo]
   hearing aid um aparelho para a surdez [oom aparel-yoo prah soordesh]
heart o coração [kooruh-sowng]
   heart attack um enfarte [aim-fart]
heat o calor
   heat stroke uma insolação [oomuh eensooluh-sowng]
heating o aquecimento [akussy-mentoo]
heavy pesado [puzzah-doo]
heel *(body)* o calcanhar [kalkan-yar]
   (shoe) o salto [saltoo]
   could you put new heels on these? pode pôr-me uns saltos novos? [pod por-muh oonsh saltoosh novvoosh]
height a altura [altooruh]
hello olá [o-lah]
help ajuda [ajooduh]
   can you help me? pode ajudar-me? [pod ajoodar-muh]
   help! socorro! [sookorroo]
her: I know her conheço-a [koon-yessoo-uh]
   will you give it to her? quer dar-lho [kair darl-yoo]
   it's her é ela [eh elluh]
   it's her bag, it's hers é o saco dela, é dela [eh oo sakoo delluh]
here aqui [akee]
   come here venha cá [ven-yuh ka]
high alto [altoo]
hill a colina [kooleenuh]
   up/down the hill para cima/baixo [para seemuh/by-shoo]
him: I know him conheço-o [koon-yessoo-oo]

....

will you give it to him? quer dar-lho? [kair darl-yoo]

it's him é ele [eh ehl]

hire *see* **rent**

his: it's his drink, it's his é a bebida dele, é dele [eh uh bebeeduh dehl, eh aehl]

hit: he hit me bateu-me [bateh-oo-muh]

hitch-hike andar à boleia [. . . ah boolayuh]

hold *(verb)* segurar [suggoorar]

hole um buraco [boorah-koo]

holiday férias [fairy-ush]

I'm on holiday estou em férias [shtoh . . .]

home casa [kah-zuh]

I want to go home quero ir para casa [kairoo eer . . .]

at home em casa [eng . . .]

I'm homesick estou com saudades de casa [shtoh kong sowdahdj duh . . .]

Homens *Gents*

honest honesto [onneshtoo]

honestly? de verdade? [duh verdahd]

honey o mel

honeymoon a lua-de-mel [loo-uh-duh-mel]

hope *(noun)* esperança [shperansuh]

I hope that . . . espero que [shpairoo kuh]

I hope so/not espero que sim/não [. . . seeng/nowng]

horizon o horizonte [o-reezont]

horn *(car)* a buzina [boozeenuh]

horrible horrível [orreevel]

hors d'oeuvre a entrada [entrah-duh]

horse um cavalo [kavah-loo]

hospital um hospital [o-shpeetal]

» *TRAVEL TIP: EEC reciprocal health agreement; get form E111 from Post Office before you go—it gives full details of medical services available*

host o anfitrião [amfeetree-owng]

hostess a anfitriã [amfeetree-ang]

(air) a hospedeira [o-shpeday-ruh]

hot quente [kent]; *(spiced)* picante [peekant]

hotel um hotel [o-*te*l]
hotplate chapa eléctrica [sh*a*h-puh eel*e*trikuh]
hot water bottle um saco de água quente
  [s*a*h-koo d*a*h-gwuh kent]
hour a hora [*o*r-uh]
house a casa [k*a*h-zuh]
  housewife a dona de casa [uh d*o*nnuh . . .]
how como [k*o*-moo]
  how many quantos [kw*a*ntoosh]
  how much quanto
  how often quantas vezes [kw*a*ntush v*e*h-zush]
  how long does it take? quanto tempo leva
  isso? [kw*a*ntoo t*e*mpoo l*e*vvuh *ee*-soo]
  how long have you been here? há quanto
  tempo está aqui? [ah kw*a*ntoo t*e*mpoo shtah
  ak*ee*]
  how are you? como está? [k*o*-moo shtah]
hull o casco [k*a*shkoo]
humid húmido [*oo*midoo]
humour humor [oom*o*r]
  haven't you got a sense of humour? não tem
  sentido do humor? [nowng teng sent*ee*doo doo
  oom*o*r]
hundred cem [seng]
  hundredweight quintal inglês [keent*a*l
  eengl*e*sh]
» *TRAVEL TIP: 1 cwt = 50.8 kilos*
hungry: I'm hungry/not hungry tenho/não
  tenho fome [t*e*n-yoo/nowng t*e*n-yoo fom]
hurry: I'm in a hurry estou com pressa [shtoh
  kom pr*e*ssuh]
  please hurry! despache-se, por favor!
  [dushp*a*sh-suh, poor fuh-v*o*r]
hurt: it hurts dói-me [d*o*y-muh]
  my leg hurts dói-me a perna [. . . uh p*a*irnuh]
  YOU MAY THEN HEAR . . .
  é uma dor aguda? [eh *oo*muh dor ag*oo*duh] *is it a*
  sharp pain?
husband: my husband o meu marido [oo
  m*e*h-oo mar*ee*doo]

....

I eu [eh-oo]
    I am a doctor sou médico [soh meddikoo]
    I am tired estou cansado [shtoh . . .]
    I live in London vivo em Londres [veevoo eng
    londrush]
ice gelo [jeh-loo]
    ice-cream um gelado [jelah-doo]
    iced coffee um café gelado [kuffeh . . .]
    with lots of ice com muito gelo [kong
    mweentoo . . .]
identity papers o bilhete de identidade [beel-yet
    deedenty-dad]
idiot idiota [eed-yottuh]
if se [suh]
ignition a ignição [eegnee-sowng]
ill doente [doo-ent]
    I feel ill sinto-me doente [seentoo-muh . . .]
illegal ilegal [eeluh-gal]
illegible ilegível [eeluh-jeevel]
illness a doença [doo-ensuh]
immediately imediatamente
    [eemuddy-ahtuh-ment]
import (verb) importar [eempoortar]
important importante [eempoortant]
    it's very important é muito importante [eh
    mweentoo . . .]
import duty direitos de importação
    [deeray-toosh deempoortuh-sowng]
impossible impossível [eempoo-seevel]
impressive impressionante [eempress-yoonant]
improve melhorar [mulyoorar]
    I want to improve my . . . quero melhorar o
    meu . . . [kairoo mul-yoorar oo meh-oo]
in em [eng]
inch uma polegada [pole-gah-duh]
   » *TRAVEL TIP: 1 inch = 2.54 cm*
include incluir [eenklweer]
    does that include breakfast? o pequeno
    almoço está incluído? [oo pickeh-noo almoh-soo
    shtah eenklweedoo]

inclusive inclusíve [eenkloozeev]
incompetent incompetente [eenkompuh-tent]
inconsiderate mal-educado [maleedookah-doo]
incredible incrível [eenkreevel]
indecent indecente [eenduh-sent]
independent independente [eenduh-pendent]
India Índia [eendee-uh]
Indian Indiano [eendee-ah-noo]
indicator indicador [eendeekador]
indigestion indigestão [eendeejesh-towng]
indoors dentro de casa [dentroo duh kah-zuh]
industry a indústria [eendooshtree-uh]
inexpensive barato [barah-too]
infant uma criança [oomuh kree-ansuh]
infection uma infecção [eemfessowng]
infectious infeccioso [eemfess-yoh-zoo]
inflation a inflação [eemflassowng]
informações *Information*
informal informal [eemfoormal]
   (person) natural [natooral]
information informação [eemfoorma-sowng]
   **do you have any information in English
   about . . .?** tem algum folheto em inglês
   sobre . . .? [teng algoom fool-yettoo eng
   eenglesh so-bruh]
   is there an information office? há algum
   centro de turismo? [ah algoom sentroo duh
   tooreejmoo]
inhabitant habitante [abeetant]
injection uma injecção [eenjessowng]
injured ferido [fereedoo]
   he's been injured foi ferido [foy . . .]
injury ferimento [furry-mentoo]
innocent inocente [eenoosent]
insect um insecto [eensettoo]
inside dentro de [dentroo duh]
insist: I insist (on it) insisto [eenseeshtoo]
insomnia a insónia [eenson-yuh]
instant coffee café instantâneo [kuffeh
   eenshtantahn-yoo]

instead no seu lugar [noo seh-oo loogar]
  instead of . . . em vez de . . . [eng vesh duh]
insulating tape fita isoladora [feetuh
  eezooluh-doruh]
insulation o isolamento [eezoolamentoo]
insult um insulto [eensooltoo]
insurance o seguro [suggooroo]
intelligent inteligente [eentully-jent]
interesting interessante [eenteressant]
international internacional
  [eenternuss-yoonal]
interpret interpretar
  would you interpret for us? quer ser o nosso
  intérprete? [kair sair oo nossoo eentair-pret]
into para [paruh]
introduce: can I introduce . . .? posso
  apresentar . . .? [possoo apruh-zentar]
invalid *(noun)* um inválido [eenvalidoo]
  invalid chair uma cadeira de rodas [oomuh
  kaday-ruh duh roddush]
invitation um convite [konveet]
  thank you for the invitation obrigado pelo
  convite [o-breegah-doo peloo . . .]
invite: can I invite you out? quer ir sair
  comigo? [kair eer suh-eer koo-meegoo]
invoice a factura [fattooruh]
Ireland Irlanda [eerlanduh]
Irish irlandês [eerlandesh]
iron *(noun: clothes)* um ferro [ferroo]
  will you iron these for me? passa-me isto a
  ferro? [pah-suh-muh eeshtoo uh ferroo]
ironmonger's a loja de ferragens [lojjuh duh
  ferah-jengsh]
is é/está [eh/shtah]
island uma ilha [eel-yuh]
it: I see it vejo-o [veh-joo-oo]
  it's not working não funciona [nowng
  foonss-yonnuh]
  give me it dê-mo [deh-moo]
  is it . . .? é . . .?/está . . .? [eh/shtah]

itch comichão [koomee-sho*wng*]
  it itches faz comichão [fash . . .]
itemize: would you itemize it for me? pode
  discriminar-me isto? [pod
  deesh-kreemin*a*r-muh *ee*shtoo]
jack um macaco [mak*a*h-koo]
jacket um casaco [kaz*a*h-koo]
jam compota [kompo*t*tuh]
  traffic jam um engarrafamento
  [engarr*a*h-fam*e*ntoo]
January Janeiro [jan*a*yroo]
jaw a maxila [uh maks*ee*luh]
jealous ciumento [s-yoom*e*ntoo]
jeans 'jeans'
jellyfish uma alforreca [alfoor*e*ckuh]
jetty o cais [kye-sh]
jeweller's/jewellery a joalharia
  [joo-al-yer*ee*-uh]
jib a bujarrona [boojarro*n*nuh]
job um emprego [empr*e*h-goo]
  just the job óptimo [o*t*timoo]
joke *(noun)* uma piada [pee-*a*h-duh]
  you must be joking está a brincar [shtah
  breenk*a*r]
journey uma viagem [vee-*a*h-jeng]
  have a good journey boa viagem [b*o*-uh . . .]
July Julho [j*oo*l-yoo]
jumper uma camisola [kameezo*l*luh]
junction um cruzamento [kroozam*e*ntoo]
June Junho [j*oo*n-yoo]
junk velharias [vel-yuh-r*ee*-ush]
just: just two apenas dois [apeh-nush doysh]
  just a little só um pouco [so oom poh-koo]
  just there ali mesmo [al*ee* m*e*jmoo]
  not just now agora não [ag*o*ruh nowng]
  that's just right é isso mesmo [eh *ee*-soo
  m*e*jmoo]
  he was here just now há pouco esteve aqui
  [ah po-koo shtev ak*ee*]
keen entusiástico [entoozee-*a*shtickoo]

....

I'm not keen não estou muito inclinado
[nowng shtoh mweentoo eenkleen*a*h-doo]
keep: can I keep it? posso ficar com isto?
[p*o*ssoo feek*a*r kong *ee*shtoo]
  you keep it fique com isso [f*ee*k kong *ee*-soo]
  keep the change guarde o troco [gward oo
  tro-koo]
  you didn't keep your promise não cumpriu a
  palavra [nowng koompr*ee*-oo uh pal*a*hv-ruh]
  it keeps on breaking está sempre a partir-se
  [shtah s*e*mprah pert*ee*r-suh]
kettle uma chaleira [shal*a*y-ruh]
key a chave [shahv]
kidney o rim [reeng]
kill matar
kilo um quilo [k*ee*loo]
» *TRAVEL TIP: conversion:* $\frac{kilos}{5} \times 11 = pounds$

kilos	1	1½	5	6	7	8	9
pounds	2.2	3.3	11	13.2	15.4	17.6	19.8

kilometre um quilómetro [keel*o*mmetroo]
» *TRAVEL TIP: conversion:* $\frac{kilometres}{8} \times 5 = miles$

kilometres	1	5	10	20	50	100
miles	0.62	3.11	6.2	12.4	31	62

kind: that's very kind of you é muito amável
  da sua parte [eh mw*ee*ntoo am*a*h-vel duh s*oo*-uh
  part]
kiss um beijo [b*a*y-joo]
kitchen a cozinha [kooz*ee*n-yuh]
knee o joelho [joo-*e*l-yoo]
knickers cuecas [kw*e*ckush]
knife uma faca [f*a*h-kuh]
knock bater à porta [bat*a*ir ah p*o*rtuh]
  there's a knocking noise from the engine o
  motor tem uma batida [oo moot*o*r teng oomuh
  bat*ee*duh]
know saber [sab*a*ir]
  (be acquainted with) conhecer [koon-yuss*a*ir]
  I don't know the area não conheço esta

região [nowng koon-yessoo *e*shtuh rej-yowng]
I don't know não sei [nowng say]
label um rótulo [rottooloo]
laces *(shoe)* atacadores [–rush]
lacquer laca [*la*h-kuh]
ladies senhoras [sun-*yo*rush]
lady a senhora [sun-yoruh]
lager uma Sagres [s*a*hg-rush]
  lager and lime Sagres com lima [. . . kong
  l*ee*muh]
» *TRAVEL TIP: not generally available*
lamb *(meat)* cordeiro [kor-d*a*y-roo]
lamp uma lanterna [lant*ai*r-nuh]
  lampshade um quebra-luz [k*e*bruh loosh]
  lamp-post um candeeiro [kandy-*a*y-roo]
land *(noun)* terra [t*e*rruh]
lane *(car)* a via [vee-uh]
language a língua [l*ee*ng-wuh]
large grande [grand]
laryngitis a laringite [larinj*ee*t]
last último [*oo*ltimoo]
  last year/week o ano passado/a semana
  passada [oo *a*h-noo pass*a*h-doo/uh sem*a*h-nuh
  pass*a*h-duh]
  last night ontem à noite [onteng ah noyt]
  at last! finalmente [feenalm*e*nt]
late: sorry I'm late desculpe o atraso
  [dushc*oo*lp oo atr*a*h-zoo]
  it's a bit late já é um bocado tarde [jah eh oom
  book*a*h-doo tard]
  please hurry, I'm late despache-se, por favor,
  já estou atrasado [dushp*a*sh-suh poor fuh-vor,
  jah shtoh atra-z*a*h-doo]
  at the latest o mais tardar [oo my-sh tard*a*r]
  later mais tarde
  I'll come back later volto mais tarde
  see you later até logo [at*e*h loggoo]
laugh *(verb)* rir-se [reer-suh]
launderette uma lavandaria automática
  [lavanduh-r*ee*-uh ow-too-m*a*ttikuh]

....

lavabos *toilets*
lavatory o lavabo [lav*a*h-boo]
law a lei [lay]
lawyer um advogado [oom advoog*a*h-doo]
laxative um laxativo [lashat*ee*voo]
lazy preguiçoso [pruggy-s*o*zoo]
leaf uma folha [f*oa*l-yuh]
leak uma fuga de água [f*oo*guh d*a*h-gwuh]
   there's a leak in my ceiling cai água do tecto
   [kye *a*hg-wuh doo t*e*ttoo]
   it leaks há uma fuga [ah *oo*muh f*oo*guh]
learn: I want to learn ... quero aprender ...
   [k*ai*roo aprend*ai*r]
lease *(verb)* arrendar [arrend*a*r]
least: not in the least de modo algum [duh
   mo-doo al-g*oo*m]
   at least pelo menos [peloo m*e*h-noosh]
leather couro [k*o*h-roo]
   this meat's like leather esta carne é dura
   como pedra [*e*shtuh karn eh d*oo*ruh ko-moo
   p*e*druh]
leave: we're leaving tomorrow vamos partir
   amanhã [v*a*moosh per-t*ee*r a-man-y*a*ng]
   when does the bus leave? a que horas parte o
   autocarro? [uh kee *o*r-ush part oo
   ow-too-k*a*rroo]
   I left two shirts in my room deixei duas
   camisas no meu quarto [day-sh*a*y d*oo*-ush
   kam*ee*zush noo m*e*h-oo kw*a*rtoo]
   can I leave this here? posso deixar isto aqui?
   [p*o*sso day-sh*a*r *ee*shtoo ak*ee*]
left esquerdo [shk*ai*r-doo]
   on the left à esquerda [ah shk*ai*r-duh]
   left-handed canhoto [kan-y*o*t-oo]
left luggage (office) o depósito de bagagem
   [dep*o*zitoo duh bag*a*h-jeng]
leg a perna [p*ai*r-nuh]
legal legal [legg*a*l]
lemon um limão [leem*o*wng]
lemonade uma limonada [leemoon*a*h-duh]

lend: will you lend me your . . .? quer emprestar-me o seu . . .? [kair empreshtar-muh oo seh-oo]
lengthen alongar
lens *(photography)* a objectiva [objeteevuh]
Lent a quaresma [uh kwerej-muh]
less menos [meh-noosh]
  less than three menos de três [. . . tresh]
  less than that menos do que isso [. . . doo kee ee-soo]
let: let me help deixe-me ajudar [daysh-muh ajoodar]
  let me go! deixe-me ir! [daysh-muh eer]
  will you let me off here? deixe-me sair aqui [. . . suh-eer akee]
  let's go! vamos! [vamoosh]
letter uma carta [kartuh]
  are there any letters for me? há correio para mim? [ah koorayoo para meeng]
  letterbox um marco de correio [oom markoo duh koo-rayoo]
lettuce alface [al-fass]
level crossing passagem de nível [passah-jeng duh nee-vel]
liable responsável [rushponsah-vel]
library a biblioteca [beebleeoo-teckuh]
licence uma licença [leesensuh]
lid a tampa [tampuh]
lie *(noun)* mentira [menteeruh]
  can he lie down for a bit? pode deitar-se um momento? [pod daytar-suh oom moomentoo]
life a vida [veeduh]
  life assurance seguro de vida [segooroo duh veeduh]
  lifebelt o cinto de salvação [seentoo duh salva-sowng]
  life-jacket o colete de salvação [koolet duh . . .]
  lifeboat o barco salva-vidas [barkoo salva-veedush]

....

lifeguard o salva-vidas [salva-*vee*dush]

lift: do you want a lift? quer uma boleia? [kair oomuh boolay-uh]

could you give me a lift? pode dar-me uma boleia? [pod d*a*r-muh . . .]

the lift isn't working o ascensor não anda [oo ash-sens*o*r nowng *a*nduh]

light: the lights aren't working *(car)* as luzes não funcionam [ush l*oo*zush nowng foons-yon-owng]

have you got a light? tem lume, por favor? [teng loom poor fuh-v*o*r]

when it gets light quando amanhecer [kw*a*ndoo aman-yess*a*ir]

light bulb uma lâmpada [oomuh l*a*mpa-duh]

light meter um fotómetro [foot*o*mmuh-troo]

(not heavy) ligeiro [leej*ay*-roo]

like: would you like . . .? gostaria de . . .? [gooshtar*ee*-uh duh]

I'd like a . . ./I'd like to . . . queria [kr*ee*-uh]

I like it/you gosto disso /de ti [goshtoo d*ee*-soo/duh tee]

I don't like it não gosto disso [nowng goshtoo d*ee*-soo]

what's it like? como é? [k*o*-moo eh]

one like this um como este [oom k*o*-moo ehsht]

do it like this faça-o assim [f*a*ssuh-oo ass*ee*ng]

lime lima [*lee*muh]

line uma linha [*lee*n-yuh]

lip o lábio [l*a*hb-yoo]

lipstick o baton [b*a*h-tong]

lip salve manteiga de cacau [mant*ay*-guh duh kak*ow*]

liqueur licor [leek*o*r]

» *TRAVEL TIP: 'ginginha'* = *a cherry liqueur; 'amêndoa amarga'* = *almond flavour; 'licor beirão' & 'tríplice'* = *local blends*

Lisbon Lisboa [leej-boh-uh]

list *(noun)* uma lista [*lee*shtuh]

listen escutar [shkoot*a*r]
litre um litro [*l*eetroo]
» *TRAVEL TIP: 1 litre = 1¾ pints = 0.22 gals*
little pequeno [pick*e*h-noo]
   a little ice um pouco de gelo [oom po-koo duh jeh-loo]
   a little more um bocado mais [oom book*a*h-doo my-sh]
   just a little só um bocadinho [so oom bookad*ee*n-yoo]
live viver [veev*ai*r]
   I live in . . . moro em . . . [*m*oroo eng]
   where do you live? onde mora? [onduh m*o*r-uh]
liver fígado [f*ee*guh-doo]
livre vacant
lizard um lagarto [lag*a*rtoo]
loaf um pão [powng]
lobster lagosta [lag*o*shtuh]
local: could we try a local wine? podemos provar um vinho da região? [pood*e*h-moosh proov*a*r oom v*ee*n-yoo duh rej-y*o*wng]
   a local restaurant um restaurante local [oom reshtowr*a*nt look*a*l]
   is it made locally? é feito na região [eh f*a*y-too nuh rej-y*o*wng]
lock: the lock's broken a fechadura está partida [uh feshad*oo*ruh shtah purt*ee*duh]
   I've locked myself out fechei o quarto com a chave lá dentro [fush*a*y oo kw*a*rtoo kong uh shahv lah d*e*ntroo]
London Londres [l*o*ndrush]
lonely solitário [sooleet*a*r-yoo]
long comprido [kompr*ee*doo]
   we'd like to stay longer queremos fi*c*ar mais tempo
   [kr*e*h-moosh feek*a*r my-sh t*e*mpoo]
   that was long ago isso aconteceu há muito tempo [ee-soo akont-s*e*h-oo ah mw*ee*ntoo t*e*mpoo]

loo: where's the loo? onde é a casa de banho?
[ondy eh uh kah-zuh duh bahn-yoo]

look: you look tired tens um ar cansado [tainz
oom ar kansah-doo]

I'm looking forward to ... estou desejoso
de ... [shtoh duzza-joh-zoo duh]

look at that olhe para isso [ol-yuh paree-soo]

I'm just looking estou a ver [shtoh uh vair]

I'm looking for ... procuro ... [prookooroo]

look out! tem cuidado! [teng kweedah-doo]

loose solto [sole-too]

lorry um camião [kamee-owng]

lorry driver um camionista
[kamee-ooneeshtuh]

lose perder [perdair]

I've lost my ... perdi o meu ... [perdee oo
meh-oo]

excuse me, I'm lost desculpe, estou perdido
[dushkoolp, shtoh perdeedoo]

lost property (office) depósito de objectos
achados [depozitoo dobjettooz ashah-doosh]

lot: a lot/not a lot muito/não muito
[mweentoo/nowng ...]

a lot of chips/wine muitas batatas
fritas/muito vinho [mweentush batah-tush
freetush/mweentoo veen-yoo]

a lot more expensive muito mais caro
[mweentoo my-sh kah-roo]

lots muito

lotação esgotada all tickets sold

lotion uma loção [loo-sowng]

loud ruidoso [rweedoh-zoo]

louder mais forte [my-sh fort]

love: I love you gosto de ti [goshtoo duh tee]

do you love me? gostas de mim? [goshtush
duh meeng]

he's in love está apaixonado [shtah
apye-shoonah-doo]

I love this wine gosto imenso deste vinho
[goshto eemensoo deh-sht veen-yoo]

....

lovely encantador
  we had a lovely time foi muito agradável [foy
  mweentoo agradah-vel]
low baixo [by-shoo]
luck a sorte [sort]
  good luck! boa sorte [bo-uh sort]
lucky afortunado [afortoonah-doo]
  you're lucky está com sorte [shtah kong . . .]
  that's lucky que sorte! [kuh sort]
luggage a bagagem [bagah-jeng]
lumbago lumbago [loombah-goo]
lump um inchaço [oom een-shah-soo]
lunch o almoço [al-mo-soo]
lungs os pulmões [oosh poolmoingsh]
luxurious sumptuoso [soomp-too-ozoo]
luxury o luxo [looshoo]
  a luxury hotel um hotel de luxo [oom o-tel duh
  looshoo]
luzes headlights (on)
Lx.a = Lisboa Lisbon
mad doido [doy-doo]
madam minha senhora [meen-yuh sun-yoruh]
Madeira Madeira [maday-ruh]
made-to-measure feito por medida [fay-too poor
  medeeduh]
magazine uma revista [reveeshtuh]
magnificent esplêndido [shplendidoo]
maiden name nome de solteira [nom duh
  soltay-ruh]
mail correio [koorayoo]
  is there any mail for me? há correio para
  mim? [ah koorayoo para meeng]
mainland continente [konteenent]
main road a rua principal [roo-uh preen-sipal]
  (country) a estrada principal [shtrah-duh . . .]
make *(verb)* fazer [fazair]; *(type)* a marca
  will we make it in time? vamos chegar a
  tempo? [vah-moosh shegar uh tempoo]
  make-up a maquillage [uh makee-yaj]
man um homem [ommeng]

manager o gerente [jerent]
  can I see the manager? pode chamar o
  gerente, por favor? [pod shamar oo jerent, poor
  fuh-vor]
manicure a manicura [manikooruh]
manners boa educação
  [bo-uh eedooka-sowng]
  haven't you got any manners? você não tem
  maneiras! [vosseh nowng teng manay-rush]
many muitos/as [mweentoosh/tush]
map um mapa [mah-puh]
  a map of . . . um mapa de . . . [. . . duh]
March Março [marsoo]
margarine a margarina [margareenuh]
marina uma marina [mareenuh]
mark: there's a mark on it tem uma mancha
  [teng oomuh manshuh]
market mercado [merkah-doo]
  marketplace a praça [prah-suh]
marmalade doce de laranja [dose duh laranjuh]
married casado [kazah-doo]
marry: will you marry me? queres casar
  comigo? [kairush kazar koomeegoo]
marvellous maravilhoso [maraveel-yo-zoo]
mascara rímel [reemel]
mashed potatoes puré de batatas [pooreh duh
  batah-tush]
massage massagem [massah-jeng]
mast o mastro [mashtroo]
mat um capacho [kapah-shoo]
match: a box of matches uma caixa de fósforos
  [kye-shuh duh fosh-fooroosh]
  football match um desafio de futebol
  [duzza-fee-oo duh foot-boll]
material material [maturry-al]
  (cloth) tecido [tesseedoo]
matter: it doesn't matter não faz mal [nowng
  fash mal]
  what's the matter? o que há? [oo kee ah]
mattress um colchão [kol-showng]

mature *(wine)* velho [vel-yoo]
maximum máximo [massimoo]
May Maio [my-oo]
may: may I have . . .? pode dar-me . . .? [pod dar-muh]
maybe talvez [tal-vesh]
mayonnaise maionese [ma-yoo-nez]
me me [muh]
  for me para mim [para meeng]
  with me comigo [koomeegoo]
  it's me sou eu [so eh-oo]
meal uma refeição [refay-sowng]
mean: what does this mean? o que significa isto? [oo kuh seegnifeekuh eeshtoo]
measles sarampo [sarampoo]
  German measles rubéola [roobeh-ooluh]
meat carne [karn]
mechanic: is there a mechanic here? há algum mecânico aqui? [ah algoom mekah-nikoo akee]
medicine a medicina [mud-see-nuh]
meet: when shall we meet? quando nos reunimos? [kwandoo noosh ree-oonee-moosh]
  I met him in the street encontrei-o na rua [enkontray-oo nuh roo-uh]
  pleased to meet you muito prazer em conhecê-lo/la [mweentoo prazair eng koon-yuh-seh-loo/luh]
meeting uma reunião [ree-oon-yowng]
melon um melão [melowng]
member um membro [membroo]
  how do I become a member? como é que me torno sócio? [. . . tornoo soss-yoo]
mend: can you mend this? pode consertar isto? [pod konsertar eeshtoo]
mention: don't mention it não tem de quê [nowng teng duh keh]
menu a ementa [eementuh]; **can I have the menu, please?** pode dar-me a ementa, por favor?

....

Menu Ementa
ENTRADAS: Starters
cocktail de gambas *prawn cocktail*
salada de atum *tuna salad*
melão *melon*
sumo de laranja/tomate *orange/tomato juice*
chouriço *smoked pork sausage*
ovos à Minhota *baked eggs, tomato, onions*
omeleta de marisco/presunto/cogumelos
    shellfish/cured ham/mushroom omelette

SOPA: Soup
açorda de alho *bread soup, garlic, herbs*
canja *chicken broth + rice*
caldo verde *potato broth, shredded cabbage*
gaspacho *refreshing cold soup: tomatoes, green*
    peppers and cucumber

PEIXE: Fish dishes
amêijoas *clams*
gambas *scampi*
santola *crab*
sardinhas assadas *charcoal-grilled sardines*
salmão grelhado *grilled salmon*
bacalhau à Gomes de Sá *cod baked with parsley,*
    potatoes, onion, olives, etc
chocos *cuttlefish*
lulas/calamares *squid*
lampreia *lamprey*
caldeirada *mixed fish in onions, potato*

CARNE: Meat dishes
carne de vaca (assada) *(roast) beef*
borrego *lamb*
porco *pork*
frango *chicken*
vitela *veal*
um bife de . . . a . . . *steak*
costeleta *cutlet/chop*
leitão *suckling pig*
cordorniz *quail*

faisão *pheasant*
peru *turkey*
cozido à portuguesa *boilel beef, gammon, smoked sausage, rice and veg*
arroz de frango *fried chicken in wine, ham and rice casserole*
frango na púcara *chicken stewed in Port and brandy, fried with almonds*
almôndegas *meatballs*
espetada mista *shish-kebab*
feijoada *pigs feet, sausage, white beans and cabbage*

SOBREMESA: Dessert
Fruit: ananás *pineapple*
melancia *watermelon*
cerejas *cherries*
ameixas *plums*
morangos *strawberries*
Sweets: salada de frutas *fruit cocktail*
pudim flã *creme caramel*
pudim molotov *eggwhite mousse, caramel*
arroz doce *rice pudding*
farófias *eggwhite beaten with milk, egg custard and cinnamon*
gelado *ice cream*
Cheese: queijo de Elvas *mild white*
queijo de azeitão *matured in oil*
queijo fresco *very bland goat's milk cheese*
COFFEE: *most Portuguese have a small strong black coffee after a meal called 'uma bica'* [beekuh]; *if you prefer it weaker, ask for a 'carioca'; the equivalent to our white coffee is a 'galão'* [galowng]
Brandy, etc: *if you like an after-meal drink, try a Carvalho Ribeiro e Ferreira brandy or Aguardente de Medronho*

....

message: are there any messages for me? há
algum recado para mim? [ah algoom rekah-doo
para meeng]
can I leave a message for . . .? posso deixar
um recado para . . .? [possoo day-shar oom
rekah-doo para]
metre um metro [metroo]
» *TRAVEL TIP: 1 metre = 39.37 ins = 1.09 yds*
metro *underground*
» *TRAVEL TIP: flat rate fare; cheaper to buy a book of
tickets, 'caderneta', or a 7 day 'passe'*
midday meio-dia [mayoo-dee-uh]
middle o centro [sentroo]
  in the middle no centro [noo sentroo]
  in the middle of the road no meio da rua [noo
  mayoo duh roo-uh]
midnight meia-noite [mayuh noyt]
might: I might be late sou capaz de chegar
tarde [soh kapash duh shuggar tard]
  he might have gone ele já pode ter-se ido
  embora [ehl jah pod tair-suh eedoo emboruh]
migraine a enxaqueca [enshackeckuh]
mild suave [swahv]
mile uma milha [meel-yuh]
» *TRAVEL TIP: conversion:* $\frac{miles}{5} \times 8 = kilometres$

miles	½	1	3	5	10	50	100
kilometres	0.8	1.6	4.8	8	16	80	160

milk o leite [layt]
  a glass of milk um copo de leite [oom koppoo
  duh layt]
  milkshake um batido [oom bateedoo]
millimetre um milímetro [meeleemitroo]
milometer a conta-quilómetros
  [kontuh-keelometroosh]
minced meat carne picada [karn peekah-duh]
mind: I've change my mind mudei de opinião
  [mooday doh-peen-yowng]
  I don't mind não me importo [nowng muh
  eemportoo]

do you mind if I . . .? importa-se que . . .? [eemportuh-suh kuh]

never mind não faz mal [nowng fash mal]

mine meu/minha [meh-oo/meen-yuh]

it's mine é meu/minha [eh . . .]

mineral water água mineral [ahg-wuh meen-ral]

minimum mínimo [meeny-moo]

minus menos [meh-noosh]

minus 3 degrees três graus abaixo de zero [tresh growz abye-shoo duh zairoo]

minute um minuto [meenootoo]

in a minute dentro dum momento [dentroo doom moomentoo]

just a minute só um minuto

mirror um espelho [shpel-yoo]

Miss a Menina [uh meneenuh]

miss: I miss you tenho saudades tuas [ten-yoo sow-dahdush too-ush]

he's missing está perdido [shtah perdeedoo]

there is a . . . missing falta um/uma . . . [faltuh oom/oomuh . . .]

mist a névoa [uh nev-wuh]

mistake um erro [erroo]

I think you've made a mistake acho que se enganou [ashoo kuh see enganoh]

misunderstanding um mal-entendido [mal-entendeedoo]

modern moderno [moodairnoo]

Monday segunda-feira [segoonduh fay-ruh]

money dinheiro [din-yay-roo]

I've lost my money perdi o meu dinheiro [perdee oo meh-oo . . .]

I've no money não tenho dinheiro [nowng ten-yoo . . .]

» TRAVEL TIP: *the Portuguese dollar sign is placed after the 'escudos', so that 10$50 means 10 escudos and 50 centavos*

month o mês [mesh]

moon a lua [loo-uh]

moorings o ancoradouro [ankooruh-*d*oh-roo]
moped um ciclomotor [seekloo-moot*o*r]
more mais [my-sh]
   can I have some more? posso repetir? [*p*osso repuh-t*ee*r]
   more wine, please um pouco mais de vinho, por favor [oom *p*o-koo my-sh duh v*ee*n-yoo . . .]
   no more mais nada [my-sh n*a*h-duh]
   more comfortable mais confortável [my-sh komfoort*a*h-vel]
   more than three mais de três [my-sh duh tresh]
   more than that mais do que isso [my-sh doo kee *ee*-soo]
morning a manhã [man-y*a*ng]
   good morning bom dia [bong d*ee*-uh]
   this morning esta manhã [*e*shtuh . . .]
   in the morning de manhã [duh man-y*a*ng]
most: I like it/you the most é do que/és de quem: gosto mais [eh doo kuh/esh duh keng g*o*shtoomy-sh]
   most of the time/the people a maior parte do tempo/das pessoas [uh muh-y*o*r part doo t*e*mpoo/dush puss*o*h-ush]
motel um motel
mother: my mother minha mãe [m*ee*n-yuh my-ng]
motor o motor [moot*o*r]
motorbike uma mota [m*o*ttuh]
motorboat um barco a motor [b*a*rkoo uh moot*o*r]
motorcyclist um motociclista [mottoo-seekl*ee*shtuh]
motorist o motorista [mootoor*ee*shtuh]
motorway a auto-estrada [owtoo-shtr*a*h-duh]
mountain uma montanha [mont*a*hn-yuh]
mouse um rato [r*a*h-too]
moustache o bigode [beeg*o*d]
mouth a boca [b*o*h-kuh]
move: don't move não se mexa [nowng suh m*e*shuh]

could you move your car? não se importa de chegar o carro para o lado? [nowng seemportuh duh shuggar oo karroo proh lah-doo]

Mr o Senhor [oo sun-yor]

Mrs a Senhora [uh sun-yoruh]

Ms *no equivalent in Portuguese*

much muito [mweentoo]

  much better/much more muito melhor/muito mais [. . . mel-yor/. . . my-sh]

  not much não muito [nowng . . .]

mug: I've been mugged atacaram-me [atakah-rowng-muh]

mum mamã [mumang]

muscle um músculo [mooshkooloo]

museum o museu [moozeh-oo]

mushrooms cogumelos [koogoomelloosh]

music a música [moozickuh]

must: I must have a . . . tenho de tomar um/uma . . . [ten-yoo duh toomar oom/oomuh]

  I must not eat . . . não devo comer . . . [nowng devvoo koomair]

  you must (do it) tem de fazê-lo [teng duh fazeh-loo]

  must I . . .? tenho de . . .? [ten-yoo duh . . .]

mustard a mostarda [mooshtarduh]

my o meu/a minha [oo meh-oo/uh meen-yuh]

nail *(finger)* a unha [oon-yuh]

  (wood) um cravo [krah-voo]

  nailclippers alicate de unhas [aleekat doon-yush]

  nailfile uma lima de unhas [leemuh . . .]

  nail polish verniz de unhas [verneesh . . .]

  nail scissors tesoura de unhas [tezoh-ruh . . .]

naked nu [noo]; nua [noo-uh]

name o nome [nom]

  my name is chamo-me [shah-moo-muh]

  what's your name? como se chama? [ko-moo suh shah-muh]

não potável *not for drinking*

napkin um guardanapo [gwarduh-nappoo]

nappy uma fralda [fralduh]
  disposable nappies fraldas de papel
  [fraldush duh papell]
narrow estreito [shtray-too]
national nacional [nuss-yoonal]
nationality a nacionalidade [nuss-yoonalidahd]
natural natural [natooral]
naughty: don't be naughty não sejas mau
  [nowng sejjush mah-oo]
near: is it near? fica perto? [feekuh pairtoo]
  near here aqui perto [akee . . .]
  do you go near . . .? passa perto de . . .?
  [passuh pairtoo duh]
  where's the nearest . . .? onde é o/a . . . mais
  próximo? [ondee eh . . . my-sh prossimoo]
nearly quase [kwahz]
neat *(drink)* puro [pooroo]
necessary necessário [nussussaree-oo]
  it's not necessary não é necessário [nowng
  eh . . .]
neck o pescoço [push-ko-soo]
  necklace um colar [koolar]
need: I need . . . preciso de . . . [prusseezoo duh]
needle uma agulha [agool-yuh]
negotiation a negociação [negoossee-ussowng]
neighbour o vizinho [vizeen-yoo]
neither: neither of them nenhum deles
  [nun-yoom deh-lush]
  neither . . . nor . . . nem . . . nem . . . [neng]
  neither do I eu também não [eh-oo tambeng
  nowng]
nephew: my nephew o meu sobrinho [oo
  meh-oo soobreenyoo]
nervous nervoso [nervoh-zoo]
net uma rede [red]
  net price o preço fixo [preh-soo feexoo]
never nunca [noonkuh]
  well, I never! nunca ouvi tal coisa [noonkuh
  o-vee tal koy-zuh]
new novo/nova [no-voo/novvuh]

New Year Ano Novo [ah-noo novoo]
New Year's Eve a véspera do Ano Novo [uh
veshperuh doo . . .]
Happy New Year Feliz Ano Novo [feleez
ah-noo no-voo]
news as notícias [ush nooteess-yush]
newsagent vendedor de jornais [venduh-dor
duh joor-nye-sh]
newspaper um jornal [joornal]
do you have any English newspapers? tem
jornais ingleses? [teng joor-nye-zeen-glezush]
New Zealand Nova Zelândia
[novvuh-zelahndee-uh]
New Zealander Neo-Zelandês [nee-o zelandesh]
next próximo [prossimoo]
sit next to me sente-se a meu lado [sent-suh uh
meh-oo lah-doo]
please stop at the next corner pare na
próxima esquina, por favor [par nuh prossimuh
shkeenuh, poor fuh-vor]
see you next year até ao ano que vem [a-teh
ow ah-noo kuh veng]
next week/next Tuesday na próxima
semana/terça-feira [nuh prossimuh
semah-nuh/tairsuh-fay-ruh]
nice agradável [agradah-vel]
niece: my niece a minha sobrinha [uh
meen-yuh soobreen-yuh]
night a noite [noyt]
good night boa noite [bo-uh noyt]
at night à noite [ah noyt]
is there a good nightclub here? pode
indicar-me um bom 'nightclub'? [pod
eendikar-muh . . .]
night-life a vida nocturna [veeduh
noktoor-nuh]
night porter o porteiro de noite [poortay-roo
duh noyt]
no não [nowng]
there's no . . . não há [nowng ah . . .]

....

no way! nem pensar [neng pens*a*r]
I've no money não tenho dinheiro [nowng
t*e*n-yoo din-y*a*y-roo]
nobody ninguém [neen-g*a*yng]
nobody saw it ninguém o viu [neen-g*a*yng oo
vee-*oo*]
noisy barulhento [barool-y*e*ntoo]
our room is too noisy o nosso quarto é muito
barulhento [oo n*o*ssoo kw*a*rtoo eh mw*ee*ntoo
barool-y*e*ntoo]
none nenhum [nun-y*oo*m]/nenhuma
none of them nenhum deles [nun-y*oo*m
d*e*h-lush]
nonsense disparate [deeshper*a*t]
normal normal [noorm*a*l]
north o norte [nort]
Northern Ireland Irlanda do Norte [eerl*a*nduh
doo nort]
nose o nariz [nar*ee*sh]
I've a nosebleed estou a deitar sangue do
nariz [shtoh uh day-t*a*r s*a*nguh doo nar*ee*sh]
not não [nowng]
not that one esse não [ehss nowng]
not me eu não [*e*h-oo nowng]
I don't understand não percebo [nowng
pers*e*bboo]
he didn't tell me não mo disse [nowng moo
deess]
note *(banknote)* uma nota [n*o*ttuh]
nothing nada [n*a*h-duh]
November Novembro [noov*e*mbroo]
now agora [a-g*o*ruh]
nowhere em parte nenhuma [eng part
nun-y*oo*muh]
nudist um nudista [nood*ee*shtuh]
nudist beach uma praia de nudistas [pry-uh
duh nood*ee*shtush]
nuisance: it's a nuisance é muito chato [eh
mw*ee*ntoo sh*a*ttoo]
this man's being a nuisance este homem

está a ser um chato [ehsht *o*mmeng shtah sair
oom sh*a*ttoo]
numb entorpecido [entorpuh-s*ee*doo]
number o número [n*oo*meroo]
see pages 127–128
    number plate a chapa da matrícula
[sh*a*h-puh duh matr*ee*kooluh]
nurse a enfermeira [emferm*ay*-ruh]
nut uma noz [nosh]
    (for bolt) uma porca [p*o*rkuh]
oar um remo [r*e*h-moo]
obligatory obrigatório [o-brigat*o*r-yoo]
obras road works
obviously obviamente [*o*bvee-am*e*nt]
occasionally de vez em quando [duh vehz eng
kw*a*ndoo]
occupied ocupado [okoo-p*a*h-doo]
o'clock *see* **time**
October Outubro [o-t*oo*-broo]
octopus polvo [p*o*le-voo]
ocupado engaged
odd *(number)* ímpar [*ee*mpar]
    (strange) estranho [shtr*a*hn-yoo]
of de [duh]
off: the milk/meat is off o leite está
estragado/a carne está estragada [oo layt/uh
karn shtah shtrag-*a*h-doo/duh]
    it just came off soltou-se mesmo [sole-t*o*h-suh
m*e*jmoo]
    10% off dez por cento de desconto [desh poor
s*e*ntoo duh dush-k*o*ntoo]
offence uma injúria [eenj*oo*ree-uh]
    (legal) uma infracção [eemfrass*ow*ng]
office o escritório [shkreet*o*r-yoo]
officer *(to policeman)* Senhor Guarda [sun-y*o*r
gw*a*r-duh]
official *(noun)* um funcionário
[foons-yoon*a*r-yoo]
often muitas vezes [mw*ee*ntush v*e*h-zush]
oil óleo [*o*llee-oo]

I'm losing oil está a perder óleo [shtah perd*air* *o*llee-oo]
    will you change the oil? pode mudar o óleo? [pod mood*a*r . . .]
ointment uma pomada [poom*a*h-duh]
OK O.K.
old velho [v*e*l-yoo]
    how old are you? que idade tem? [kuh eed*a*hd t*a*ing]
olive uma azeitona [azay-t*o*nnuh]
    olive oil azeite [az*a*yt]
omelette uma omeleta [ommuh-l*e*t]
on em [eng]
    I haven't got it on me não o tenho comigo [nowng oo t*e*n-yoo koom*ee*goo]
    on Friday na sexta-feira [nuh s*e*shtuh f*a*y-ruh]
    on television na televisão [nuh tulluh-veez*o*wng]
once uma vez [oomuh v*e*sh]
    at once imediatamente [eemuddy-aht-m*e*nt]
one um/uma [oom/*oo*muh]
    the red one o vermelho [oo verm*e*l-yoo]
onion uma cebola [sub*o*lluh]
only *(adjective)* único [*oo*nikoo]
    only one só um/uma [so oom/*oo*muh]
    only once só uma vez [so oomuh vesh]
open *(adjective)* aberto [a-b*ai*r-too]
    I can't open it não o posso abrir [nowng oo p*o*ssoo abr*ee*r]
    when do you open? quando abre? [kw*a*ndoo *a*bruh]
opera a ópera [*o*pperuh]
operation uma operação [o-peruh-s*o*wng]
    will I need an operation? tenho de ser operado? [t*e*n-yoo duh sair o-per*a*h-doo]
operator *(tel)* a telefonista [tulluh-foon*ee*shtuh]
opposite: opposite the hotel em frente do hotel [aim frent doo o-t*e*l]
optician's o oculista [ockool*ee*shtuh]

or ou [oh]
orange laranja [lar*a*hn-juh]
  orange juice sumo de laranja [s*oo*-moo
  duh . . .]
order: could we order now? podemos escolher
  agora? [p*oo*deh-moosh shkool-y*ai*r ag*o*ruh]
  thank you, we've already ordered obrigado,
  já pedimos [o-breeg*a*h-doo jah ped*ee*moosh]
other: the other one o outro [oo oh-troo]
  do you have any others? tem mais? [teng
  my-sh]
  (different ones) tem outros? [. . . o-troosh]
otherwise doutro modo [doh-troo m*o*ddoo]
ought: I ought to go devo de ir [d*e*vvoo duh eer]
ounce uma onça [*o*nsuh]
» *TRAVEL TIP: 1 ounce = 28.35 grammes*
our nosso [n*o*ssoo]/nossa [n*o*ssuh]
  that's ours isso é nosso [*ee*-soo eh n*o*ssoo]
out: we're out of petrol ficámos sem gasolina
  [feek*a*mmoosh seng gazool*ee*nuh]
  get out! rua! [r*oo*-uh]
outboard *(motor)* fora de bordo [f*o*ruh duh
  b*o*rdoo]
outdoors fora de casa [f*o*ruh duh k*a*h-zuh]
outside: can we sit outside? podemos
  sentar-nos lá fora? [p*oo*deh-moosh sent*a*r-noosh
  lah f*o*ruh]
over: over here/there cá/lá [kah/lah]
  over 40 mais de quarenta [my-sh duh
  kw*a*rentuh]
  it's all over acabou-se [akab*o*h-suh]
overboard: man overboard! homem ao mar!
  [*o*mmeng ow mar]
overcharge: you've overcharged me você
  vendeu-me mais caro [voss*e*h vend*e*h-oo-muh
  my-sh k*a*h-roo]
overcooked esturrado [shtoorr*a*h-doo]
overexposed *(phot)* demasiado clara
  [demuzzy-*a*h-doo kl*a*h-ruh]
overnight *(travel)* de noite [duh noyt]

....

oversleep dormir de mais [doo-rm*ee*r
duh-my-sh]
  I overslept acordei tarde [a-koor-d*a*y]
overtake ultrapassar [ooltruh-pass*a*r]
owe: what do I owe you? quanto lhe devo?
[kwantool-yuh d*e*vvoo]
own: my own ... o meu próprio ... /a minha
própria ... [oo m*e*h-oo propree-oo/uh m*ee*n-yuh
propree-uh]
  I'm on my own estou sózinho [shto̍h
sozz*ee*n-yoo]
owner o dono [d*o*h-noo]
oyster uma ostra [*o*shtruh]
P. = Praça Square
pack: can I have a packed lunch? pode dar-
me umas sandes em vez do almoço? [pod d*a*r-
muh *oo*mush sandsh eng vesh doo al-m*o*-soo]
  I haven't packed yet ainda não fiz as malas
[uh-*ee*nduh nowng feez ush m*a*h-lush]
package tour uma excursão organiz*a*da
[shkoor-s*o*wng]
page *(of book)* a página [p*a*h-jinnuh]
  could you page him? pode chamá-lo? [pod
sham*a*h-loo]
pain uma dor
  I've got a pain in my ... tenho uma dor de ...
[t*e*n-yoo *oo*muh dor duh]
  painkillers calmantes [k*a*lm*a*ntsh]
painting uma pintura [peent*oo*ruh]
Pakistan Paquistão [pakisht*o*wng]
Pakistani Paquistanês [pakisht*a*n*e*sh]
pale pálido [p*a*llidoo]
pancake um crepe [krep]
panties um par de cuecas [par duh kw*e*ckush]
pants calças [k*a*lsush]
  (underpants) uns slips [oonsh sleepsh]
paper papel [p*u*ppel]
  (newspaper) o jornal [joorn*a*l]
para alugar to let
paragem stop (bus, tram, etc)

parcel um embrulho [embrool-yoo]
pardon *(didn't understand)* como disse? [ko-moo deess]; **I beg your pardon** *(sorry)* desculpe [dush-koolp]
pare stop
parents: my parents os meus pais [oosh meh-oosh pye-sh]
park o parque [park]
  where can I park my car? onde posso estacionar o meu carro? [onduh possoo shtass-yoonar oo meh-oo karroo]
part uma parte [part]
partidas departures
partner *(dance, game)* parceiro [persay-roo] *(social)* companheira [kompan-yay-ruh]
party *(group)* o grupo [groopoo]
  (celebration) uma festa [feshtuh]
  I'm with the ... party estou com o grupo ... [shtoh kong oo groopoo]
pass *(mountain)* um desfiladeiro [dushfeeladay-roo]
  he's passed out desmaiou [duj-my-oh]
passable *(road)* transitável [tranzitah-vel]
passagem de nível level crossing
passagem subterrânea subway
passe cross now
passenger um passageiro [passajay-roo]
passer-by um transeunte [tranz-yoont]
passport o passaporte [pass-port]
past: in the past no passado [noo passah-doo]
  see time
pastry massa folhada [massuh fol-yah-duh]
  (cake) um bolo [bo-loo]
path um caminho [kameen-yoo]
patient: be patient tenha paciência [ten-yuh pass-yenss-yuh]
pattern *(print)* desenho [dezen-yoo]
pavement o passeio [passayoo]
pay *(verb)* pagar; **can I pay, please** por favor, queria pagar [poor fuh-vor, kree-uh pagar]

....

peace a paz [pash]
peach um pêssego [pehss-goo]
peanuts amendoins [amend-weensh]
pear uma pêra [peh-ruh]
peas ervilhas [air-veel-yush]
pebble um seixo [say-shoo]
pedal (noun) o pedal [puh-dal]
pedestrian um peão [pee-owng]
   pedestrian crossing uma passadeira
   [passuh-day-ruh]
peg uma estaca [shtah-kuh]
pelvis a pélvis [pelveesh]
pen uma caneta [kanettuh]

   have you got a pen? tem uma caneta?
pencil um lápis [lah-peesh]
penfriend um correspondente
   [koorush-pondent]
penicillin a penicilina [punny-sileenuh]
penknife um canivete [kaneevet]
pensioner um reformado [refoormah-doo]
people a gente [jent]
   the Portuguese people os Portugueses [oosh
   poortoo-geh-zush]
pepper pimenta [peementuh]
peppermint hortelã-pimenta
   [ortelang-peementuh]
per: per night/week/person por
   noite/semana/pessoa [poor
   noyt/semah-nuh/pussoh-uh]
per cent por cento [poor sentoo]
perdidos e achados lost property
perfect perfeito [perfaytoo]
   the perfect holiday as férias ideais [ush
   fairy-ush eedee-eye-sh]
perfume o perfume [perfoom]
perhaps talvez [talvesh]
perigo danger
period (also med) o período [peree-oodoo]
perm uma permanente [permanent]
permit (noun) uma licença [leesensuh]

person uma pessoa [pussoh-uh]
  in person em pessoa
pessoal *staff only*
petrol a gasolina [gazooleenuh]
  petrol station uma bomba de gasolina
  [bombuh duh . . .]
» *TRAVEL TIP:* '*super*' *is equivalent to 3 star,*
  '*normal*' *to 2 star*
phone *see* **telephone**
photograph uma fotografia [footoografee-uh]
  would you take a photograph of us? quer
  tirar-nos uma fotografia?
  [kair teerar-nooz . . .]
piano um piano [pee-ah-noo]
pickpocket um carteirista [kurtay-reeshtuh]
picture um quadro [kwadroo]
pie *(meat)* um pastel [pashtel]
  (fruit) uma torta [tortuh]
piece um pedaço [pedah-soo]
  a piece of . . . um bocado de . . . [oom
  bookah-doo duh]
pig um porco [porkoo]
pigeon um pombo [pomboo]
pile-up um acidente múltiplo [asseedent
  mooltiploo]
pill uma pílula [peelooluh]
  do you take the pill? está a tomar a pílula?
  [shtah toomar uh . . .]
pillion *(passenger)* o pendura [pendooruh]
  on the pillion no assento de trás [noo assentoo
  duh trash]
pillow uma almofada [almoofah-duh]
pin um alfinete [alfeenet]
pineapple ananás [ananash]
pink rosa [rozzuh]
pint: a pint of beer uma caneca de cerveja
  [kaneckuh duh serveh-juh]
» *TRAVEL TIP: 1 pint = 0.57 litres*
pipe um cachimbo [kasheemboo]
  (sink) o cano [kah-noo]

pipe tobacco tabaco de cachimbo [tab*ah*-koo . . .]
piston o êmbolo [embooloo]
pity: it's a pity é uma pena [eh *oo*muh p*eh*-nuh]
place um lugar [loog*ar*]
  is this place taken? este lugar está ocupado? [ehsht loog*ar* shtah o-koop*ah*-doo]
  do you know any good places to go? conhece algum sítio bom onde se possa ir? [koon-y*ess* alg*oo*m s*ee*t-yoo bong *o*nduh suh p*o*ssuh eer]
plain *(food)* simples [s*ee*mplush]
  (not patterned) liso [leezoo]
plane um avião [uh-vee-*o*wng]
  by plane de avião [davvy-*o*wng]
plant uma planta [pl*a*ntuh]
plaster *(med)* um emplastro [empl*a*shtroo]
  see **sticking**
plastic plástico [pl*a*shtickoo]
plate um prato [pr*a*h-too]
platform o cais [kye-sh]
  which platform, please? qual é o cais, por favor? [kwal eh oo kye-sh, poor fuh-v*or*]
play: somewhere for the children to play algum sítio onde as crianças possam brincar [alg*oo*m s*ee*t-yoo *o*nduh ush kree-*a*n-sush p*o*ssowng breenk*ar*]
pleasant agradável [agrad*a*h-vel]
please: could you please . . .? por favor, pode . . .? [poor fuh-v*or*, pod . . .]
  (yes) please (sim) por favor [seeng . . .]
pleasure o prazer [praz*air*]
  my pleasure não tem de quê [nowng teng duh keh]
plenty: plenty of . . . muito [mw*ee*ntoo]
  thank you, that's plenty chega, obrigado [sh*e*gguh, o-breeg*a*h-doo]
pliers um alicate [aleek*a*t]
plimsolls sapatos de ténis [sap*a*h-toosh . . .]
plonk vinho [veen-yoo]

plug *(elec)* uma ficha [feeshash]
   (car) uma vela [velluh]
   (bath) a tampa do ralo [tampuh doo rah-loo]
» *TRAVEL TIP: sockets are two-pin in Portugal*
plum uma ameixa [amay-shuh]
plumber o canalizador [kanaleezador]
plus mais [my-sh]
p.m. da tarde [duh tard] *official times are usually expressed by 24 hour system*
pneumonia a pneumonia [pneh-oo-moonee-uh]
poached egg um ovo escalfado [o-voo shkalfah-doo]
pocket o bolso [oo bole-soo]
point: could you point to it? pode indicar-mo? [pod eendikar-moo]; **four point six** quatro vírgula seis [kwatroo veergooluh saysh]
points *(car)* os platinados [plateenah-doosh]
police a polícia [pooleess-yuh]
   get the police chame a polícia [shahm . . .]
   policeman um polícia
   police station o Posto da Polícia [poshtoo]
» *TRAVEL TIP: grey uniform; phone number in front of phone book*
polish *(noun)* graxa [grashuh]; **will you polish my shoes?** pode engraxar-me os sapatos? [pod engrashar-muh oosh sapah-toosh]
polite bem-educado [beng eedookah-doo]
politics a política [pooleetickuh]
polluted contaminado [kontameenah-doo]
polythene bag um saco de plástico
pool *(swimming)* uma piscina [peesh-seenuh]
poor: poor quality de má qualidade [duh mah kwaleedad]; **I'm very poor** sou muito pobre [soh mweentoo pobruh]
popular popular [poopoolar]
population a população [poop-luh-sowng]
pork carne de porco [karn duh pore-koo]
port um porto [portoo]
   (drink) vinho do Porto [veen-yoo doo . . .]
   (opp. starboard) bombordo [–doo]

portagem *toll*
porteiro *porter (janitor)*
porter *(station)* um carregador [kargador]
  (hotel) um rapaz [rapash]
portrait um retrato [ruh-trah-too]
Portugal Portugal [poortoogal]
Portuguese português [poortoogesh]
  a Portuguese woman uma portuguesa
  the Portuguese os Portugueses [–gheh-zush]
  I don't speak Portuguese não falo português
  [nowng fah-loo . . .]
posh *(place)* de luxo [duh loo-shoo]
  (person) elegante [eelegant]
possible possível [poo-seevel]; **could you
  possibly?** era-lhe possível [errul-yuh . . .]
post o correio [koorayoo]
  postcard um postal [pooshtal]
  post office o correio
» *TRAVEL TIP: look for sign 'Correios' or CTT on
  blue sign*
poste restante a posta restante [poshtuh
  reshtant]
posto de socorros *first aid post*
potatoes batatas [batah-tush]
pottery louça [loh-suh]
pound uma libra [leebruh]
» *TRAVEL TIP: conversion:* $\frac{pounds}{11} \times 5 = kilos$

pounds	1	3	5	6	7	8	9
kilos	0.45	1.4	2.3	2.7	3.2	3.6	4.1

pour: it's pouring está a chover a cântaros
  [shtah shoovair uh kantuh-roosh]
powder pó
power cut um corte de energia [kort
  deenerjee-uh]
power point uma tomada [toomah-duh]
prawns gambas [gambash]
  prawn cocktail cocktail de gambas
prefer: I prefer this one prefiro isto [prefeeroo
  eeshtoo]

pregnant grávida
pré-pagamento *pay and get your receipt before
being served*
prescription uma receita [russay-tuh]
present: at present agora
  here's a present for you tens aqui um
  presente [tainz akee oom prezent]
president o presidente [pruzzy-dent]
press: could you press these? pode passar-me
  estas [pod passar-muh eshtush]
pretty bonito [booneetoo]
  it's pretty good é bastante bom [eh bashtant
  bong]
price o preço [preh-soo]
priest um padre [oom pahd-ruh]
printed matter impressos [eempressoosh]
prison a cadeia [kadayyuh]
private privado [preevah-doo]
probably provavelmente [proovah-velment]
problem um problema [proobleh-muh]
product um produto [proodootoo]
profit lucro [lookroo]
proibido: – fumar *no smoking;* **– acampar** *no
camping;* **–a ultrapassagem** *no overtaking;* **–a
entrada** *no entry*
promise: do you promise? promete? [proomet]
  I promise prometo [proomettoo]
pronounce: how do you pronounce it? como
  se pronuncia? [ko-moo suh proonoon-see-uh]
propeller uma hélice [elleess]
properly correctamente [koorettament]
property a propriedade [proopree-uh-dahd]
prostitute a prostituta [prooshteetootuh]
protect proteger [prootuh-jair]
Protestant protestante [prootushtant]
proud orgulhoso [orgool-yo-zoo]
public: the public o público [pooblikoo]
  public convenience casas-de-banho públicas
  [kah-zush duh bahn-yoo pooblikush]
  see **toilet**

» *TRAVEL TIP: public holidays:*
   Jan 1 Ano Novo *New Years Day*
          Sexta-feira Santa *Good Friday*
   April 25 Vinte e cinco de Abril *Day of the
          Revolution*
   May 1 Dia do Trabalho *Labour Day*
          Corpo de Deus *Corpus Christi*
   Jun 10 Dia de Portugal *National Holiday*
   Aug 15 Assunção *Assumption Day*
   Oct 5 Dia da República *Day of the Republic*
   Nov 1 Todos os Santos *All Saints*
   Dec 1 Primeiro de Dezembro *Restoration of
          Independence*
   Dec 8 Imaculada Conceição *Immaculate
          Conception*
   Dec 25 Natal *Christmas Day*
pull *(verb)* puxar [poosh*a*r]
   he pulled out in front of me pôs-se à minha
   frente [posh-suh ah m*ee*n-yuh frent]
pump uma bomba [bombuh]
punctual pontual [pontoo-*a*l]
puncture um furo [f*oo*roo]
pure puro [p*oo*roo]
purple cor de púrpura [kor duh p*oo*rpooruh]
purse uma bolsa [bole-suh]
push *(verb)* empurrar [empoorr*a*r]
   push-chair um carrinho de bebé [kar*ee*n-yoo
   duh beb*e*h]
put: where can I put ...? onde posso
   colocar ...? [onduh p*o*ssoo kooloo*ka*r]
puxe pull
pyjamas um pijama [peej*a*h-muh]
quality a qualidade [kwallid*a*hd]
quarantine a quarentena [kwaraint*e*nnuh]
quarter a quarta parte [kw*a*rtuh part]
   a quarter of an hour um quarto de hora [oom
   kw*a*rtoo dee *o*r-uh]
quay o cais [kye-sh]
quente hot
question uma pergunta [perg*oo*ntuh]

queue *(noun)* uma bicha [be*e*shuh]
quick rápido [r*a*pidoo]
  that was quick! que rápido que foi! [kuh
  r*a*pidoo kuh foy]
quiet tranquilo [tran-kw*ee*loo]
  be quiet! cale-se! [k*a*l-suh]
quite *(fairly)* bastante [bush*ta*nt]
  (very) absolutamente [absoolootuh-m*e*nt]
  quite a lot bastante
R. = Rua *street*
radiator um radiador [rad-yuh-d*o*r]
radio um rádio [r*a*hd-yoo]
rail: by rail por caminho-de-ferro [poor
  kam*ee*nyoo duh f*e*rroo]
rain a chuva [sh*oo*vuh]
  it's raining está a chover [shtah shoov*ai*r]
  raincoat um impermeável
  [eempermee-*a*h-vel]
rally *(car)* um rally
rape a violação [vee-ooluh-s*o*wng]
rare *(steak)* em sangue [em s*a*nguh]
raspberry framboesa [frambw*e*h-zuh]
rat uma ratazana [rattuh-z*a*h-nuh]
rather: I'd rather sit here prefiro sentar-me
  aqui [pref*ee*roo sent*a*r-muh ak*ee*]
  I'd rather not prefiro que não [pref*ee*roo kuh
  nowng]; **it's rather hot** está muito calor
  [shtah mw*ee*ntoo kal*o*r]
raw cru/crua [kroo/kroo-uh]
razor uma máquina de barbear [m*a*cky-nuh duh
  berbee-*a*r]; **razor blades** lâminas para
  barbear [l*a*minush para berbee-*a*r]
r/c = rés-do-chão *ground floor*
read: you read it leia-o [l*a*yuh-oo]
  something to read alguma coisa para ler
  [alg*oo*muh k*o*y-zuh para lair]
ready: when will it be ready? quando está
  pronto? [kw*a*ndoo shtah pront]
  I'm not ready yet ainda não estou pronto
  [uh-*ee*nduh nowng shtoh pront]

....

real verdadeiro [verdad*a*y-roo]
really realmente [ree-alm*e*nt]
rear-view mirror o espelho retrovisor
[shpell-yoo retroo-veez*o*r]
reasonable razoável [razw*a*h-vel]
receipt um recibo [res*ee*boo]
  can I have a receipt, please? pode dar-me um
recibo, por favor? [pod d*a*r-muh . . .]
recently há pouco [ah po-koo]
reception *(hotel)* a recepção [resep-s*o*wng]
receptionist a recepcionista
[reseps-yoo-n*ee*shtuh]
recipe uma receita [res*a*ytuh]
recommend: can you recommend . . .? pode
aconselhar-me . . .? [pod akonsul-y*a*rmuh]
record *(music)* um disco [d*ee*shkoo]
red vermelho [verm*e*l-yoo]
reduction *(in price)* um desconto [dushk*o*ntoo]
refuse: I refuse recuso-me [rek*oo*zoo-muh]
region a região [rej-y*o*wng]
  in this region nesta região [n*e*shtuh . . .]
registered letter uma carta registada [k*a*rtuh
rejeesht*a*h-duh]
regret: I have no regrets não tenho pena
nenhuma [nowng t*e*n-yoo p*e*nnuh
nun-y*oo*-muh]
relax: I just want to relax só quero descansar
[so k*a*iroo dush-kans*a*r]
  relax! calma! [k*a*lmuh]
remember: don't you remember? não se
lembra? [nowng suh l*e*mbruh]
  I'll always remember lembrar-me-ei sempre
[lembrar-mee-*a*y s*e*mpruh]
  something to remember you by uma coisa
para me lembrar de ti [k*oy*-zuh para muh
lembr*a*r duh tee]
rent: can I rent a car/boat/bicycle? posso
alugar um carro/um barco/uma bicicleta?
[poss*oo* aloog*a*r oom k*a*rroo/oom b*a*rkoo/oomuh
beeseekl*e*ttuh]

repair: can you repair it? pode consertá-lo
  [pod konsert*ah*-loo]
repeat: could you repeat that? pode repeti-lo?
  [pod repet*ee*-loo]
reputation a reputação [repootuh-s*o*wng]
rés-do-chão ground floor
rescue (verb) salvar
reservas reservations
reservation uma reserva [rez*ai*rvuh]
  I want to make a reservation for . . . quero
  fazer uma reserva para . . . [k*ai*roo faz*ai*r
  *oo*muh rez*ai*rvuh para]
reserve: can I reserve a seat? posso reservar
  um lugar? [possoo rezerv*ar* oom loog*ar*]
responsible responsável [rushpons*ah*-vel]
rest: I've come here for a rest estou aqui para
  descansar [shtoh ak*ee* para dushkans*ar*]
  you keep the rest fique com o resto [feek kong
  oo r*e*shtoo]
restaurant um restaurante [rushtoh-r*a*nt]
retired reformado [ruh-foorm*ah*-doo]
return: a return/two returns to . . uma ida e
  volta/duas idas e voltas para . . . [*oo*muh *ee*duh
  ee v*o*ltuh/doo-uz *ee*duz ee v*o*ltush para]
reverse gear a marcha atrás [m*a*rshuh atr*a*sh]
rheumatism o reumatismo [reh-oomat*ee*j-moo]
rib uma costela [koosht*e*lluh]
rice arroz [ar*o*sh]
rich rico [r*ee*koo] (food) forte [fort]
ridiculous ridículo [rid*ee*kooloo]
right: that's right está certo [shtah s*ai*rtoo]
  you're right tem razão [teng raz*o*wng]
  on the right à direita [ah deer*ay*tuh]
  right here aqui mesmo [ak*ee* m*e*j-moo]
  right-hand drive de volante à direita [duh
  vool*a*nt ah deer*ay*tuh]
ring (on finger) um anel
ripe maduro [mad*oo*roo]
rip-off: it's a rip-off isso é um roubo [*ee*soo eh
  oom ro-boo]

river um rio [ree-oo]
road a estrada [shtrah-duh]
  which is the road to . . .? qual é a estrada
  para . . .? [kwal eh uh shtrah-duh para]
  roadhog um pé [oom peh]
rob: I've been robbed roubaram-me
  [roh-barowng-muh]
rock *(noun)* uma rocha [roshuh]
  whisky on the rocks whisky com gelo [. . .
  kong jeh-loo]
roll *(bread)* um papo-sêco [papoo seh-koo]
Roman Catholic católico romano [katollikoo
  roomah-noo]
romantic romântico [roomantikoo]
roof o telhado [tul-yah-doo]
room um quarto [kwartoo]
  have you got a (single/double) room? tem
  um quarto (individual/de casal)? [teng oom
  kwartoo (eendivid-wal/duh kazal)]
  for one night/three nights para uma noite/
  três noites [para oomuh noyt/tresh noytsh]
  YOU MAY THEN HEAR . . .
  desculpe, estamos cheios *sorry, we're full*
  com ou sem banho? *with or without bath?*
room service serviço de quartos [serveeso duh
  kwartoosh]
rope uma corda [korduh]
rose uma rosa [rozzuh]
rosé rosé [roo-zeh]
rough *(sea, weather)* tempestuoso
  [tempesht-wo-zoo]
roughly *(approximately)* aproximadamente
  [aproossimah-dament]
roulette a roleta [roolettuh]
round *(circular)* redondo [redondoo]
roundabout uma rotunda [rotoonduh]
route a estrada [shtrah-duh]
  which is the prettiest/fastest route? qual é a
  estrada mais bonita/mais rápida? [kwal eh uh
  shtrah-duh my-sh booneetuh/my-sh rapiduh]

rowing boat um barco a remos [barkoo uh reh-moosh]

rubber borracha [boorashuh]

    rubberband uma fita elástica [feetuh elashtikuh]

rubbish o lixo [leeshoo]

    rubbish! que disparate! kuh deeshparat]

rucksack uma mochila [moosheeluh]

rudder o leme [lem]

rude grosseiro [groosayroo]

    (indecent) indecente [eendesent]

ruins as ruínas [ush roo-eenush]

rum rum [roong]; **rum and coke** uma cuba livre [koobuh leevruh]

run: hurry, run! corra, depressa!

    I've run out of petrol/money acabou-se-me a gasolina/o dinheiro [akabohss-muh uh gazooleenuh/oo din-yay-roo]

sad triste [treesht]

safe seguro [segooroo]

    will it be safe here? está seguro aqui? [shtah segooroo akee]

    is it safe to swim here? pode-se nadar aqui sem perigo? [pod-suh nadar akee saim pereegoo]

safety a segurança [segooran-suh]

    safety pin um alfinete de segurança [alfy-net duh . . .]

saida *exit* **—*de emergência*** *emergency exit*

sail *(noun)* uma vela [velluh]

    can we go sailing? podemos ir fazer vela? [poodeh-mooz eer fazair velluh]

sailor um marinheiro [mareen-yayroo]

sala de espera *waiting room*

salad uma salada [salah-duh]

salami salame [salam]

saldos *sales*

sale: is it for sale? está à venda? [shtah ah venduh]

salmon salmão [salmowng]

salt o sal [sal]

same mesmo [mejmoo]
  the same again, please o mesmo, por favor
  the same to you igualmente [eeg-wal-ment]
sand areia [areyyuh]
sandals umas sandálias [oomush sandahl-yush]
sandwich uma sandes [sandsh]
sanitary towels toalhas higiénicas [twal-yuz
  eej-yennikush]
satisfactory satisfatório [sateesh-fator-yoo]
Saturday sábado [sab-doo]
sauce molho [mole-yoo]
  saucepan uma caçarola [kassarolluh]
saucer um pires [peerush]
sauna uma sauna [sow-nuh]
sausage salsicha [salseeshuh]
save (life) salvar
say: how do you say . . . in Portuguese? como
  se diz . . . em português? [ko-moo suh deesh
  . . . eng poortoo-ghesh]
  what did he say? o que é que ele disse? [oo kee
  eh kehl deess]
scarf um lenço de pescoço [lensoo duh
  pushko-soo] (headscarf) um lenço de cabeça
  [. . . kabeh-suh]
scenery a paisagem [pye-zah-jeng]
schedule o programa [proograh-muh]
  on/behind schedule a horas/com atraso [uh
  orush/kong atrah-zoo]
  scheduled flight um voo regular [vo-oo
  regoolar]
school uma escola [shkolluh]
scissors: a pair of scissors uma tesoura
  [tezoh-ruh]
scooter uma motoreta [mootoorettuh]
Scotland Escócia [shkoss-yuh]
Scottish escocês [shkoossesh]
scrambled eggs ovos mexidos [ovvoosh
  mesheedoosh]
scratch (verb) (self) coçar-se [koosar-suh]
  (car) riscar [reeshkar]

scream *(noun)* um grito [gr*ee*too]
screw *(noun)* um parafuso [paraf*oo*zoo]
  screwdriver uma chave de fendas [shahv duh f*e*ndush]
sea o mar
  by the sea à beira-mar [ah b*a*y-ruh mar]
seafood mariscos [mar*ee*shkoosh]
search *(verb)* procurar [prookoor*a*r]
  search party uma expedição de socorro [oomuh shped*ee*s*o*wng duh sook*o*rroo]
seasick: I feel seasick estou enjoado [shtoh enj-w*a*h-doo]
  I get seasick enjoo sempre [enj*o*h-oo s*e*mpruh]
seaside a praia [pry-uh]
  let's go to the seaside vamos para a praia [v*a*moosh prah pry-uh]
season a época [*e*ppookuh]
  the high/low season a estação alta/baixa [shtass*o*wng *a*ltuh/by-shuh]
seasoning condimento [cond*ee*m*e*ntoo]
seat um assento [ass*e*ntoo]
  is this somebody's seat? este lugar está ocupado? [ehsht loog*a*r shtah o-koop*a*h-doo]
  seat belt o cinto de segurança [s*ee*ntoo duh suggoo-r*a*n-suh]
sea-urchin ouriço-do-mar [oh-r*ee*-soo doo mar]
seaweed a *a*lga
second segundo [seg*oo*ndoo]
  just a second espera um momento [shp*a*iruh oom moom*e*ntoo]
  second hand em segunda mão [eng seg*oo*nduh mowng]
see ver [vair]
  oh, I see já percebo [jah pers*e*bboo]
  have you seen . . .? viu . . .? [vee-*oo*]
  can I see the room? posso ver o quarto? [p*o*ssoo vair oo kw*a*rtoo]
seem parecer [purruh-s*a*ir]
  it seems so assim parece [ass*ee*ng par*e*ss]

seldom raras vezes [rah-rush veh-zush]
sell vender [vendair]
selos stamps
semáforos traffic lights
send mandar
senhoras Ladies
sensitive sensível [senseevel]
sentido único one-way street
sentimental sentimental
separate *(adjective)* separado [supperah-doo]
   I'm separated estou separado [shtoh . . .]
   can we pay separately? podemos pagar cada
   um separadamente? [poodeh-moosh pagar
   kah-duh oom supperah-duh-ment]
September Setembro [suttembroo]
serious sério [sair-yoo]
   I'm serious estou a falar a sério [shtoh uh
   falahr uh sair-yoo]
   is it serious, doctor? é grave, Sr. doutor? [eh
   grav sun-yor doh-tor]
service: the service was excellent/poor o
   serviço foi óptimo/mau [ooh servee-soo foy
   ottimoo/mah-oo]
   service station uma estação de serviço
   [shtassowng duh servee-soo]
serviette um guardanapo [gwarduh-nappoo]
sexy sexy
shade: in the shade à sombra [ah sombruh]
shake sacudir [sakoodeer]
   to shake hands apertar a mão [apertar uh
   mowng]
   » *TRAVEL TIP: always shake hands with people*
   when you meet or are introduced
shallow pouco profundo [po-koo proofoondoo]
shame: what a shame! que pena!
   [kuh pennuh]
shampoo *(noun)* um champô [shampoh]
   shampoo and set lavagem e mise [lavah-jeng
   ee meez]

shandy uma cerveja com limonada [serveh-juh
  kong leemoonah-duh] *no real equivalent*
share *(room, table)* partilhar [perteel-yar]
shark um tubarão [toobarowng]
sharp afiado [afee-ah-doo]
shave fazer a barba [fazair uh barbuh]
  shaver uma máquina de barbear [oomuh
    mackinuh duh berbee-ar]
  shaving foam espuma para a barba
    [shpoomuh prah . . .]
  shaving point a tomada para a máquina de
    barbear [toomah-duh prah]
she ela [elluh]
  she is my friend é minha amiga [eh meen-yuh
    ameeguh]
  she is tired está cansada [shtah kansah-duh]
sheep uma ovelha [o-vel-yuh]
sheet um lençol [len-sol]
shelf uma prateleira [prut-lay-ruh]
shell uma concha [konshuh]
  shellfish mariscos [mareeshkoosh]
shelter *(noun)* um abrigo [abreegoo]
  can we shelter here? podemos abrigar-nos
    aqui? [poodeh-mooz abreegar-nooz akee]
sherry Xerez [shurresh]
ship um barco [barkoo]
shirt uma camisa [kameezuh]
shock *(noun: surprise)* um choque [shock]
  I got an electric shock from the . . . apanhei
    um choque eléctrico de . . . [apan-yay oom shock
    eeletrikoo duh]
  shock-absorber o amortecedor
    [amort-suh-dor]
shoe um sapato [sapah-too]
  » *TRAVEL TIP: shoe sizes*

UK	4	5	6	7	8	9	10	11
Portugal	37	38	39	41	42	43	44	46

shop uma loja [lojjuh]; **I've some shopping to
  do** tenho de fazer umas compras [ten-yoo duh
  fazair oomush komprush]

shore a praia [pry-uh]
short *(height)* baixo [by-shoo] *(dress)* curto [koortoo]
   I'm four short faltam-me quatro [faltowng-muh kwatroo]
   short cut um atalho [atal-yoo]
shorts calções [kal-soyngsh]
shoulder o ombro [ombroo]
shout gritar [greetar]
show: please show me pode mostrar-me, por favor? [pod moosh-trar-muh, poor fuh-vor]
shower: with shower com duche [kong doosh]
shrimps camarões [kamaroyngsh]
shrink: it's shrunk está encolhido [shtah enkool-yeedoo]
shut *(verb)* fechar [fushar]
   when do you shut? a que horas fecha? [uh kee orush feshuh]
   shut up! cale-se! [kal-suh]
shy tímido [teemidoo]
sick doente [doo-ent]
   I feel sick sinto-me enjoado [seentoo-muh enj-wah-doo]
   he's been sick vomitou [voomitoh]
side o lado [lah-doo]
   side lights *(car)* as luzes de presença [ush loozush duh prezen-suh]
   side road rua lateral [roo-uh lateral]
   by the side of the road na berma da estrada [nuh bairmuh duh shtrah-duh]
sight: out of sight longe da vista [lonj duh veeshtuh]
   the sights of . . . os centros de interesse de . . . [oosh sentroosh deenteress duh]
   sightseeing tour um circuito turístico [seer-kweetoo tooreeshtikoo]
sign *(road)* sinal *(notice)* o letreiro [letray-roo]
signal: he didn't signal ele não fez sinal [ehl nowng fesh seenal]
signature a assinatura [asseena-tooruh]

silence *(noun)* o silêncio [seelenss-yoo]
silencer a panela de escape [panelluh duh shkap]
silk a seda [sedduh]
silly tolo [toh-loo]
silver prata [prah-tuh]
similar semelhante [summel-yant]
since: since last week desde a semana passada [dej-duh semah-nuh pussah-duh]
   since we arrived desde que chegámos [dej-duh kuh shuggammoosh]
   (because) como [ko-moo]
sincere sincero [seen-sairoo]; **yours sincerely** com os meus cumprimentos
sing cantar [cantar]
single: single room um quarto individual [kwartoo eendiveed-wal]
   I'm single sou solteiro [sohsoltay-roo]
   a single to . . . uma ida para . . . [oomuh eeduh para]
sink: it sank afundou-se [afoondoh-suh]
sir senhor [sun-yor]
sister: my sister minha irmã [meen-yuh eer-mang]
sit: can I sit here? posso sentar-me aqui? [possoo sentar-muh akee]
size o tamanho [tamahn-yoo]
skid *(verb)* patinar [pateenar]
skin a pele [pell]
   skin-diving mergulhar [mergool-yar]
skirt uma saia [sa-yuh]
sky o céu [seh-oo]
sleep: I can't sleep não posso dormir [nowng possoo doo-rmeer]; **sleeper** *(rail)* a carruagem-cama [kar-wah-jeng kah-muh]
   sleeping bag um saco de dormir [sah-koo duh doo-rmeer]; **sleeping pill** um comprimido para dormir [kompreemeedoo para doormeer]
   YOU MAY HEAR . . .
   dormiu bem? *did you sleep well?*

sleeve a manga [manguh]
slide *(phot)* um diapositivo [dee-uh-poozit*ee*voo]
slow lento [l*e*ntoo]
  could you speak a little slower? pode falar mais devagar? [pod falar my-sh duvvag*a*r]
small pequeno [puh-k*e*h-noo]
  small change trocos [tr*o*ckoosh]
smallpox variola [var*ee*-ooluh]
smell: there's a funny smell há um cheiro desagradável [ah oom sh*a*y-roo duzza-grad*a*h-vel]
  it smells cheira mal [sh*a*y-ruh mal]
smile *(verb)* sorrir [soo-r *ee*r]
smoke *(noun)* o fumo [f*oo*moo]
  do you smoke? fuma? [f*oo*muh]
  can I smoke? posso fumar? [possoo foom*a*r]
» *TRAVEL TIP: no smoking in cinemas, theatres*
smooth liso [l*ee*zoo]
snack: can we just have a snack? só queríamos uma refeição ligeira [so kr*ee*-uh-mooz *oo*muh refay-s*o*wng lee-j*a*y-ruh]
snorkel o tubo de respiração [t*oo*boo duh rushp*ee*erasowng]
snow a neve [nev]
so: it's so hot está tanto calor [shtah t*a*ntoo kalor]; **not so much** não tanto
  so-so assim, assim [ass*ee*ng . . .]
soap o sabonete [saboon*e*t]
  soap powder detergente [deter-j*e*nt]
sober sóbrio [s*o*bree-oo]
socks as peúgas [ush pee-*oo*gush]
soda (water) soda [s*o*dduh]
soft drink bebida não alcoólica [beb*ee*duh nowng alk-w*o*llikuh]
sole *(shoe)* a sola [s*o*lluh]
  could you put new soles on these? pode pôr-lhes solas novas? [pod pore-l-yush s*o*llush n*o*vvush]
  YOU MAY THEN HEAR . . .
  de borracha ou sola? *rubber or leather?*

some: some people algumas pessoas
[algoomush pussoh-ush]
  **can I have some grapes/some
bread?** queria uvas/um pouco de pão [kree-uh
oovush/oom po-koo duh powng]
  can I have some more? posso repetir? [possoo
ruh-peteer]
somebody alguém [al-gheng]
something alguma coisa [algoomuh koy-zuh]
sometimes às vezes [ash veh-zush]
somewhere nalguma parte [nalgoomuh part]
son: my son meu filho [meh-oo feel-yoo]
song uma canção [kan-sowng]
soon cedo [seh-doo]
  sooner mais cedo [my-sh seh-doo]
  as soon as possible o mais cedo possível [oo
my-sh seh-doo poo-see-vel]
sore: it's sore dói-me [doy-muh]
  sore throat uma dor de garganta
sorry: (I'm) sorry desculpe [dushkoolp]
sort: this sort este género [ehshtuh jen-roo]
  what sort of . . .? que tipo de . . .? [kuh teepoo
duh]
  will you sort it out? pode resolvê-lo? [pod
rezolvair-loo]
soup uma sopa [so-puh]
sour azedo [azeh-doo]
south sul [sool]
South Africa África do Sul [afrikuh doo sool]
South African sul-africano [sool-afrikah-noo]
souvenir uma lembrança [lembran-suh]
spade uma enxada [enshah-duh]
spaghetti esparguete [shpar-get]
Spain Espanha [shpahn-yuh]
Spanish espanhol [shpan-yol]
spanner a chave de porcas [shahv duh porkush]
spare: spare part uma peça sobresselente
[pessuh sobruh-selent]
  spare wheel roda sobresselente
[rodduh . . .]

spark(ing) plug uma vela [velluh]
speak: do you speak English? fala inglês?
  [fah-luh eenglesh]
  I don't speak ... não falo ...
  [nowng fah-loo]
special especial [eshpuss-yal]
specialist um especialista
  [eshpuss-yaleeshtuh]
specially especialmente [eshpuss-yal-ment]
spectacles óculos [ockooloosh]
speed a velocidade [veloossy-dahd]
  speed limit o limite de velocidade [leemeet
  duh veloosy-dahd]
  he was speeding excedia o limite de
  velocidade [eesh-sedee-uh ...]
  speedometer o conta-quilómetros
  [kontuh-keelommetroosh]
» _TRAVEL TIP: the limit in built-up areas is 60 kph_
  (37 mph)
spend _(money)_ gastar [gashtar]
spice especiaria [shpess-yaree-uh]
  is it spicy? é picante? [eh peekant]
  it's too spicy é demasiado picante [eh
  damuzzy-ah-doo peekant]
spider uma aranha [arahn-yuh]
spirits bebidas alcoólicas [bebeeduz
  alk-wolly-kush]
spoon uma colher [kool-yair]
sprain: I've sprained my ... torci o/a ...
  [toorsee]
spring uma mola [molluh]
  (season) Primavera [preemuh-verruh]
square _(in town)_ uma praça [prah-suh]
  2 square metres dois metros quadrados
  [doysh metroosh kwadrah-doosh]
stairs a escada [shkah-duh]
stale _(bread)_ duro [dooroo]
stall: it keeps stalling está a falhar [shtah uh
  fal-yar]
stalls plateia [platayyuh]

stamp um selo [se/loo]
  two stamps for England dois selos para
  Inglaterra [doysh se/loosh para eenglaterruh]
stand *(verb)* estar de pé [shtar duh peh]
standard *(adjective)* normal [noormal]
star uma estrela [shtrelluh]
starboard estibordo [shteebordoo]
start o começo [koomessoo]
  my car won't start o motor não pega [oo
  mootor nowng pegguh]
  when does it start? a que horas começa? [uh
  kee orush koomessuh]
starter *(car)* o motor de arranque [mootor
  darrannk]
starving: I'm starving estou morto de fome
  [shtoh mort duh fom]
station a estação [shtassowng]
statue uma estátua [shtat-wuh]
stay: we enjoyed our stay gostámos imenso da
  nossa estadia [goosh-tammooz eemensoo duh
  nossuh shtadee-uh]
  stay there pare aí [par a-ee]
  I'm staying at . . . estou hospedado em . . .
  [astoh oshpedah-doo eng . . .]
steak um bife [beef]
  YOU MAY THEN HEAR . . .
  bem passado [beng passah-doo] *well done*
  normal [noormal] *medium*
  em sangue [eng sanguh] *rare*
steep íngreme [eengrem]
steering *(car)* a direção [deeressowng]
steering wheel o volante [voolant]
step *(noun)* um degrau [dugrow]
stereo estereofónico [shterry-oo-fonnikoo]
sterling esterlina [shterleenuh]
stewardess a hospedeira [o-shpeday-ruh]
sticking plaster um adesivo [ad-zeevoo]
sticky pegajoso [pugguh-jo-zoo]
stiff *(door etc)* duro [dooroo]
still: keep still fique quieto [feekuh kee-ettoo]

I'm still here ainda estou aqui [uh-*ee*nduh shtoh ak*ee*]

stink *(noun)* um mau cheiro [m*a*h-oo sh*a*yroo]

stolen: my wallet's been stolen roubaram-me a carteira [ro-b*a*rowng-muh uh kart*a*yruh]

stomach o estômago [sht*o*h-magoo]

I've got stomach-ache estou com dores de estômago [shtoh kong d*o*rush duh sht*o*h-magoo]

have you got something for an upset stomach? tem alguma coisa para as dores de estômago? [teng alg*oo*muh k*o*y-zuh para ush d*o*rush dush-t*o*h-magoo]

stone uma pedra [p*e*druh]

» *TRAVEL TIP: 1 stone = 6.35 kilos*

stop: stop! pare! [par]

a stop-over escala [shk*a*h-luh]

do you stop near . . .? pára perto de . . .? [p*a*h-ruh p*a*irtoo duh]

storm uma tempestade [tempesh-t*a*hd]

straight direito [deer*a*ytoo]

go straight on vá a direito [vah uh deer*a*ytoo]

straight away imediatamente [eemuddy-*a*htuh-ment]

straight whisky um whisky puro [p*oo*roo]

strange estranho [shtr*a*hn-yoo]

stranger um estranho [shtr*a*hn-yoo]

I'm a stranger here sou de fora [soh . . .]

strawberries morangos [moor*a*ngoosh]

street a rua [r*oo*-uh]

string: have you got any string? tem cordel? [teng koord*e*l]

stroke: he's had a stroke teve um ataque cardíaco [tev oom at*a*ck kerd*ee*-uh-koo]

strong forte [fort]

student um estudante [shtood*a*nt]

stung: I've been stung (by a jelly fish) picou-me (uma alforreca) [peek*o*h-muh *oo*muh alfoor*e*ckuh]

stupid estúpido [sht*oo*piddoo]

such: such a lot tanto [t*a*ntoo]

suddenly subitamente [soobittuh-ment]
sugar açúcar [assookar]
suit um fato [fah-too]
  suitcase uma mala [mah-luh]
suitable adequado [adduh-kwah-doo]
summer Verão [verowng]
sun o sol
  in the sun ao sol [ow . . .]
  out of the sun à sombra [ah sombruh]
  sunbathe tomar banhos de sol [bahn-yoosh]
  sunburn queimadura de sol
  [kay-madooruh . . .]
  sunglasses óculos de sol [okkooloosh . . .]
  sunstroke uma insolação [eensooluh-sowng]
  suntan um bronzeado [bronzee-ah-doo]
  suntan oil óleo para bronzear [ollee-oo . . .]
Sunday domingo [doomeengoo]
supermarket um supermercado
  [sooper-merkah-doo]
supper o jantar
sure: I'm not sure não tenho a certeza [nowng
  ten-yoo uh serteh-zuh]
  sure! claro! [klah-roo]
  are you sure? tem a certeza? [teng . . .]
surfboard uma prancha [pranshuh]
surfing: to go surfing fazer surf [fazair . . .]
surname o apelido [uppel-eedoo]
swearword uma praga [prah-guh]
sweat (verb) suar [soo-ar]
sweet doce [dose]
  (dessert) uma sobremesa [sobruh-meh-zuh]
  sweets rebuçados [reboosah-doosh]
swerve: I had to swerve tive de guinar para o
  lado [teev duh gheenar proh lah-doo]
swim: I'm going for a swim vou tomar banho
  [voh toomar bahn-yoo]
  let's go for a swim vamos tomar banho
  [vah-moosh . . .]
  swimming costume um fato de banho
  [fah-too . . .]

....

swimming pool a piscina [peesh-*see*nuh]
switch *(noun)* o interruptor [eenter*oo*pt*o*r]
  to switch something on/off ligar/desligar
  [leeg*a*r/dushleeg*a*r]
table uma mesa [m*e*h-zuh]
  a table for 4 uma mesa para quatro pessoas
  [m*e*h-zuh para kw*a*troo puss*oh*-ush]
  table wine vinho de mesa [v*ee*n-yoo . . .]
take tomar [toom*a*r]
  can I take this with me? posso levar isto
  comigo? [p*o*ssoo luvv*a*r *ee*shtoo koom*ee*goo]
  will you take me to the airport? quer
  levar-me ao aeroporto? [kair luvv*a*r-muh ow
  uh-airoo-p*o*rtoo]
  how long will it take? quanto tempo vai
  levar? [kw*a*ntoo t*e*mpoo vye luvv*a*r]
  somebody has taken my bags roubaram-me
  as malas [ro-b*a*rowng-muh ush m*a*h-lush]
  can I take you out tonight? posso convidá-la
  a sair comigo esta noite? [p*o*ssoo konveed*a*h-luh
  uh suh-*ee*r koom*ee*goo *e*shtuh noyt]
  is this seat taken? está ocupado este lugar
  [shtah okoop*a*h-doo ehsht loog*a*r]
talcum powder pó de talco [poh duh t*a*l-koo]
talk *(verb)* falar
tall alto [*a*ltoo]
tampons tampax
tan um bronzeado [bronzee-*a*h-doo]
tank *(of car)* o depósito [dep*o*zzitoo]
tap a torneira [toorn*a*yruh]
tape uma fita [f*ee*tuh]
tape-recorder um gravador [gruvvad*o*r]
tariff a tarifa [tar*ee*fuh]
taste *(noun)* o sabor
  can I taste it? posso prová-lo? [p*o*ssoo
  proov*a*h-loo]
  it tastes horrible/very nice sabe muito
  mal/bem [sahb mw*ee*ntoo mal/beng]
taxi um táxi
  will you get me a taxi? pode chamar-me um

táxi? [pod shamar-muh . . .]
where can I get a taxi? onde posso encontrar
um táxi? [onduh possoo enkontrar . . .]
taxi-driver o pracista [prasseeshtuh]
tea chá [sha]
could I have a cup of tea? queria um chá
[kree-uh oom sha]
YOU MAY THEN HEAR . . .
com leite? [kong layt] *with milk*
com limão? [kong leemowng] *with lemon?*
» *TRAVEL TIP: tea is normally served without milk*
teach: could you teach me? pode ensinar-me?
[pod enseenar-muh]
could you teach me Portuguese? pode
ensinar-me português? [. . . poortoo-gesh]
teacher o professor [proof-sor]
telegram um telegrama [tulluh-grah-muh]
I want to send a telegram quero enviar um
telegrama [kairoo envee-ar . . .]
telephone *(noun)* o telefone [tulluh-fon]
can I make a phone-call? posso usar o
telefone? [possoo oo-zar . . .]
can I speak to . . .? posso falar com . . .
could you get the number for me? *(dial)*
podia marcar-me, por favor? [poodee-uh
markar-muh, poor fuh-vor]
telephone directory a lista telefónica [uh
leeshtuh tulfonnikuh]
» *TRAVEL TIP: two types of phone: normal one, you*
dial then feed when you get an answer; red one in
cafés, feed first then dial
television a televisão [tulluh-veezowng]
I'd like to watch television queria ver a
televisão [kree-uh vair . . .]
tell: could you tell me where . . .? pode
dizer-me onde . . .? [pod deezair-muh onduh]
temperature *(weather etc)* a temperatura
[temperuh-tooruh]
he's got a temperature tem febre [taim
februh]

tennis ténis
   tennis court o campo de ténis [kampoo . . .]
   tennis racket a raquete de ténis [rakett . . .]
   tennis ball a bola de ténis [bolluh . . .]
tent uma tenda [tenduh]
terminus o terminal [termeenal]
terrible terrível [terreevel]
terrific porreiro [poorayroo]
than do que [doo kuh]
   bigger/older than . . . maior/mais velho do
   que . . . [muh-yor/my-sh vel-yoo doo kuh]
thanks, thank you obrigado/a
   [o-breegah-doo/duh]
   thank you very much muito obrigado
   no thank you não obrigado/a [nowng . . .]
   thank you for your help agradeço-lhe muito
   a sua ajuda [agradessool-yuh mweentoo uh
   soo-uh ajooduh]
   YOU MAY THEN HEAR . . .
   não tem de quê *you're welcome*
that: that man/that table/that esse
   homem/essa mesa/isso [ehss ommeng/essuh
   meh-zuh/ee-soo]
   I would like that one queria esse mesmo
   [kree-uh ehss mej-moo]
   how do you say that? como se diz isso?
   [ko-moo suh deez ee-soo]
   I think that . . . acho que . . . [ah-shoo kuh]
the o/a/os/as **the book(s)** o(s) livro(s) [oo(sh)
   leevroo(sh)]
   the table(s) a(s) mesa(s) [uh(sh) meh-zuh(sh)]
theatre o teatro [tee-ah-troo]
their o/a/os/as deles [oo/uh/oosh/ush deh-lush]
   it's their bag/it's theirs é a mala/é deles [eh
   uh mah-luh/eh deh-lush]
them os [oosh]; as [ush]
   for them para eles [par eh-lush]
   who? – them quem? – eles [kaing – eh-lush]
then então [entowng]
there ali [alee]

how do I get there? como é que chego lá?
[komoo eh kuh sheggoo lah]
there is/there are há [ah]
is there . . .?/are there . . .? há . . .?
there you are *(giving something)* tome lá [tom lah]
these estes/estas [eh-shtush/eshtush]
they eles/elas [eh-lush/ellush]
they are são [sowng]; estão [shtowng]
thick espesso [shpessoo]
(stupid) estúpido [shtoopidoo]
thief um ladrão [ladrowng]
thigh a coxa [koshuh]
thin magro [magroo]
thing uma coisa [koy-zuh]
all my things todas as minhas coisas [toh-duz ush meen-yush koy-zush]
think pensar
I'll think it over pensarei nisso [pensaray neesoo]
I think so/I don't think so acho que sim/não [ah-shoo kuh seeng/nowng]
third *(adjective)* terceiro [ter-say-roo]
thirsty: I'm thirsty tenho sede [tenyoo sed]
this: this hotel/this street/this este hotel/esta rua/isto [ehsht o-tel/eshtuh roo-uh/eeshtoo]
can I have this one? posso levar este? [possoo luvvar ehsht]
this is my wife/this is Mr . . . esta é a minha mulher/este é o Sr . . . [eshtuh eh uh meenyuh mool-yair/ehsht eh oo sun-yor]
is this . . .? é isto . . .? [eh eeshtoo]
those esses/essas [eh-sush/essush]
thread *(noun)* fio [fee-oo]
throat a garganta
throttle *(motorbike, boat)* o acelerador [asulleruh-dor]
through através de [atravesh duh]
throw *(verb)* atirar [uh-teerar]
thumb o polegar

....

thunder *(noun)* o trovão [troovowng]
  thunderstorm a trovoada [troov-wah-duh]
Thursday quinta-feira [keentuh fayruh]
ticket *(train, bus, plane, boat, cinema)* um bilhete
  [oom beel-yet]
  (cloakroom) a senha [uh senyuh]
tie *(necktie)* uma gravata
tight *(clothes)* apertado [apertah-doo]
  they're too tight apertam-me muito
  [apair-towng-muh mweentoo]
tights uns collants [oonsh kollantsh]
time tempo [tempoo]
  what's the time? que horas são? [kee orush
  sowng]
  I haven't got time não tenho tempo [nowng
  tenyoo tempoo]
  for the time being por enquanto [poor
  enkwantoo]
  this time/last time/next time esta vez/a
  última vez/a próxima vez [eshtuh vesh/uh
  ooltimuh vesh/uh prossimuh vesh]
  3 times três vezes [tresh veh-zush]
  have a good time! divirta-se!
  [deeveertuh-suh]
  timetable o horário [oo orar-yoo]
» *TRAVEL TIP: how to tell the time*
  it's one o'clock é uma hora [eh oomuh oruh]
  it's two/three/four o'clock são
  duas/três/quatro horas [sowng
  doo-ush/tresh/kwatroo orush]
  it's 5/10/20/25 past seven são sete e
  cinco/dez/vinte/vinte e cinco [sowng set ee
  seenkoo/desh/veent/veent-ee-seenkoo]
  it's quarter past eight/eight fifteen são oito
  e um quarto [sowng oy-too ee oom kwartoo]
  it's half past nine/nine thirty são nove e meia
  [sowng nov ee mayuh]
  it's 25/20/10/5 to ten são dez menos vinte e
  cinco/vinte/dez/cinco [sowng desh
  meh-noosh . . .]

it's quarter to eleven/10.45 são onze menos um quarto

it's twelve o'clock (midday/p.m.) é meio-dia [eh mayoo-d*ee*-uh]

it's twelve o'clock (midnight/a.m.) é meia-noite [eh mayuh-n*oy*t]

it's 12.10 p.m. é meio-dia e dez [eh mayoo-d*ee*-uh ee desh]

at one à uma [ah *oo*muh]

at two/three/etc às duas/três/etc [ash d*oo*-ush . . .]

tin *(can)* uma l*a*ta

  tin-opener um abre-latas [*a*h-bruh-l*a*tush]

tip *(noun)* uma gorjeta [goor-j*e*ttuh]

  is the tip included? está incluído o serviço? [shtah eenklw*ee*doo oo serv*ee*-soo]

» *TRAVEL TIP: a 10% tip would be normal (restaurant, hotel, bar, porter, taxi); don't forget a tip for the cinema usher*

tired cansado [kans*a*h-doo]

  I'm tired estou cansado [shtoh . . .]

tissues lenços de papel [l*e*nsoosh duh pupp*e*ll]

to: to Lisbon/England a Lisboa/para Inglaterra [uh leej-b*o*-uh/para eengluh-t*e*rruh]

toast uma torrada [toor*a*h-duh]

  (drinking) um brinde [breend]

tobacco tabaco [tab*a*h-koo]

tobacconist's a tabacaria [tabakker*ee*-uh]

today hoje [oje]

toe um dedo do pé [d*e*h-doo doo peh]

together junto [j*oo*ntoo]

  we're together viemos juntos [vee-*e*mmoosh . . .]

  can we pay all together? podemos pagar tudo junto? [pood*e*h-moosh paga*r* t*oo*doo . . .]

toilet o quarto de banho [kw*a*rtoo duh b*a*hn-yoo]

  where are the toilets? onde ficam os lavabos? [*o*nduh f*ee*kowng oosh lav*a*h-boosh]

  I have to go to the toilet tenho de ir ao quarto de banho [t*e*n-yoo duh eer ow . . .]

there's no toilet paper não há papel higiénico [nowng ah puppell eej-yennikoo]

» *TRAVEL TIP: not many public conveniences; but you can use a bar or cafe instead*

tomato tomate [toomat]
tomato ketchup ketchup
tomato juice um sumo de tomate [oom soomoo duh . . .]

tomorrow amanhã [aman-yang]
tomorrow morning/afternoon/evening amanhã de manhã/à tarde/à noite [. . . duh man-yang/. . . ah tard/. . . ah noyt]
the day after tomorrow depois de amanhã [duh-poysh daman-yang]
see you tomorrow até amanhã [ateh . . .]

ton tonelada [toonelah-duh]
» *TRAVEL TIP: 1 ton = 1,016 kilos*
tongue a língua [leen-gwuh]
tonic *(water)* água tónica [ahg-wuh tonnikuh]
tonight esta noite [eshtuh noyt]
tonne uma tonelada (métrica) [toonelah-duh metrikuh]
» *TRAVEL TIP: 1 tonne = 1000 kilos = metric ton*
tonsils as amígdalas [uz ameegdalush]
tonsilitis amigdalite [ameegdaleet]
too demasiado [demuz-yah-doo]
(also) também [tambeng]
that's too much é demasiado [eh . . .]
tool uma ferramenta [furruh-mentuh]
tooth um dente [dent]
I've got toothache tenho uma dor de dentes [ten-yoo oomuh dor duh dentsh]
toothbrush escova de dentes [shkovvuh . . .]
toothpaste pasta de dentes [pashtuh . . .]
top: on top of . . . em cima de . . . [eng seemuh duh]
on the top floor no último andar [noo ooltimmoo andar]
at the top no alto [noo altoo]
torch uma lanterna [lantairnuh]

total *(noun)* o total [toot*a*l]
tough *(meat)* dura [d*o*oruh]
tour *(noun)* uma excursão [shk*o*ors*o*wng]
  we'd like to go on a tour of . . . ɡost*a*ríamos
  de ir fazer uma viagem por . . .
  [gooshtar*ee*-amoosh deer faz*ai*r *o*omuh
  vee-*a*h-jeng poor]
  we're touring around estamos a fazer
  turismo [sht*a*h-mooz uh faz*ai*r toor*ee*j-moo]
tourist um turista [toor*ee*shtuh]
  I'm a tourist sou turista [so . . .]
  tourist office o turismo [toor*ee*j-moo]
tow *(verb)* rebocar [rebook*a*r]
  can you give me a tow? pode rebocar o meu
  carro? [pod rebook*a*r oo m*e*h-oo k*a*rroo]
  towrope o cabo de reboque [k*a*h-boo duh
  reb*o*ck]
towards para [para]
  he was coming straight towards me vinha
  direito a mim [v*ee*n-yuh deer*a*ytoo uh meeng]
towel uma toalha [too-*a*l-yuh]
town uma cidade [seed*a*hd] *(small)* uma vila
  [v*ee*luh]
  in town na cidade [nuh seed*a*d]
  would you take me into the town? pode
  levar-me para o centro? [pod luvv*a*r-muh proh
  s*e*ntroo]
traditional tradicional [tradeess-yoon*a*l]
  a traditional Portuguese meal uma refeição
  tradicional portuguesa [refay-s*o*wng
  tradeess-yoon*a*l poortoo-gh*e*h-zuh]
traffic o trânsito [oo tr*a*nzitoo]
  traffic lights os semáforos [oosh
  sem*a*ffooroosh]
train o comboio [komb*o*yyoo]
» *TRAVEL TIP: often crowded; wise to book in
  advance*
tranquillizers tranquilizantes
  [trankweeleez*a*ntsh]
translate traduzir [tradooz*ee*r]

would you translate that for me? pode traduzir-me isso? [pod tradoozeer-muh eesoo]

transmission (car) a transmissão [tranjmeesowng]

travel agent's a agência de viagens [ajenss-yuh duh vee-ah-jensh]

traveller's cheque um travel-cheque [travel-sheck]

tree uma árvore [arvoor]

tremendous bestial [bushtee-al]

trim: just a trim please um pequeno corte, por favor [oom pekeh-noo kort, poor fuh-vor]

trip (noun) uma excursão [shkoor-sowng]
   we want to go on a trip to . . . queremos fazer uma excursão a . . . [kreh-moosh fazair oomuh shkoor-sowng uh]

trouble (noun) problemas [proobleh-mush]
   I'm having trouble with . . . tenho tido problemas com . . . [ten-yoo teedoo . . .]

trousers as calças [ush kal-sush]

true verdadeiro [verdaday-roo]
   it's not true não é verdade [nowng eh verdad]

trunks (swimming) um fato de banho (para homens) [fah-too duh bahn-yoo para ommengsh]

trust: I trust you confio em você [komfee-oo aim vo-seh]

try (verb) tentar
   please try tente, por favor [tent poor fuh-vor]
   can I try it on? posso prová-lo? [possoo proovah-loo]

T-shirt uma 'T-shirt'

Tuesday terça-feira [tersuh-fayruh]

tunnel um túnel [toonell]

turn: where do we turn off? onde é que viramos? [ondee-eh kuh veerah-moosh]
   he turned without indicating virou sem fazer sinal [veeroh seng fazair seenal]

twice duas vezes [doo-ush veh-zush]
   twice as much o dobro [oo doh-broo]

twin beds duas camas separadas [d*oo*-ush ka h-mush seper*ah*-dush]

two dois [doysh]; duas [d*oo*-ush]

typewriter uma máquina de escrever [ma cky-nuh duh shkruvv*air*]

typical típico [t*ee*pikoo]

tyre um pneu [p-n*eh*-oo]
 I need a new tyre preciso dum pneu novo [pres*ee*zoo doom p-n*eh*-oo no-voo]
 » *TRAVEL TIP: tyre pressures*

lb/sq in	18	20	22	24	26	28	30
kg/sq cm	1.3	1.4	1.5	1.7	1.8	2	2.1

ugly feio [fayyoo]

ulcer uma úlcera [*oo*lseruh]

Ulster Ulster [*oo*lstair]

umbrella um guarda-chuva [gwa rduh-sh*oo*vuh]

uncle: my uncle o meu tio [oo m*eh*-oo t*ee*-oo]

uncomfortable incómodo [eenkommoodoo]

unconscious inconsciente [eenkonsh-see-*e*nt]

under debaixo de [duh-b*y*-shoo duh]

underdone mal passado [passa h-doo]

underground *(rail)* o metro [m*e*troo]; see **metro**

understand: I understand já percebi [jah perseb*ee*]
 I don't understand não percebo [nowng pers*e*bboo]
 do you understand? está a compreender? [shtah uh kompree-end*air*]

undo desfazer [dush-fuzz*air*]

unfriendly antipático [anteepa ttikoo]

unhappy infeliz [eemfel*ee*sh]

United States Estados Unidos [shtah-dooz-oon*ee*doosh]

unleaded sem chumbo [saing sh*oo*mbo]

unlock abrir [abr*ee*r]

until até a [at*e*h uh]
 until next year até ao ano que vem [at*e*h ow a h-noo kuh veng]

unusual pouco vulgar [pokoo voolga r]

up: up there lá em cima [lah eng s*ee*muh]

he's not up yet ainda não está levantado [uh-*ee*nduh nowng shtah levant*a*h-doo]
what's up? o que aconteceu? [oo kee akontuss*e*h-oo]
upside-down de pernas para o ar [duh p*a*irnush proh ar]
upstairs em cima [eng s*ee*muh]
urgent urgente [oor-j*e*nt]
us nos [noosh]
  for us para·nós [para nosh]
  with us connosco [kon*o*shkoo]
use: can I use ...? posso usar ...? [p*o*ssoo ooz*a*r]
useful útil [*oo*teel]
uso externo for external use only
usual usual [ooz-w*a*l]; **as usual** como de costume [k*o*-moo duh koosht*oo*m]
usually usualmente [ooz-wal-m*e*nt]
U-turn inversão de marcha [eemver-s*o*wng duh m*a*rshuh]
vacancy: do you have any vacancies? tem quartos livres? [teng kw*a*rtoosh l*ee*vrush]
vacate *(room)* desocupar [duzzoh-koop*a*r]
vaccination a vacinação [vasseena-s*o*wng]
vacuum flask um termo [t*a*irmoo]
valid válido [v*a*llidoo]
  how long is it valid for? é válido para quanto tempo? [eh v*a*llidoo para kw*a*ntoo t*e*mpoo]
valley um vale [oom val]
valuable valioso [valee-*o*-zoo]
  will you look after my valuables? pode guardar-me os meus objectos? [pod gward*a*r-muh oosh m*e*h-ooz obj*e*ttoosh]
value *(noun)* o val*o*r
valve uma válvula [v*a*lvooluh]
van um furgão [foorg*o*wng]
vanilla baunilha [bow-n*ee*l-yuh]
varicose veins varizes [var*ee*zush]
veal vitela [veet*e*lluh]
vedado ao trânsito road closed

vegetables legumes [leg*oo*msh]
vegetarian vegetariano [vejeturry-*a*h-noo]
vende-se for sale
veneno poison
ventilator o exaustor [eezowsh-t*o*r]
very muito [mw*ee*ntoo]
  very much imenso [eem*e*nsoo]
via via [v*ee*-uh]
village uma aldeia [al-d*a*y-uh]
vine uma videira [vee-d*a*y-ruh]
vinegar vinagre [veen*a*h-gruh]
vineyard uma vinha [v*ee*n-yuh]
vintage *(noun)* a colheita [kool-y*a*y-tuh]
  (adjective) velho [vel-yo]
violent violento [vee-ool*e*ntoo]
visibility a visibilidade [veezeebeeleed*a*d]
visit *(verb)* visitar [veezeet*a*r]
vôdka vodka
voice a voz [vosh]
voltage a voltagem [volt*a*h-jeng]
waist a cintura [seent*oo*ruh]
» *TRAVEL TIP: waist measurements*

UK	24	26	28	30	32	34	36	38
Portugal	61	66	71	76	80	87	91	97

wait: will we have to wait long? temos de
  esperar muito tempo ainda? [t*e*h-moosh duh
  shper*a*r mw*ee*ntoo t*e*mpoo uh-*ee*nduh]
  wait for me espere por mim [shpair poor
  meeng]
  I'm waiting for a friend/my wife estou à
  espera dum amigo/da minha mulher [shtoh ah
  shp*ai*ruh doom am*ee*goo/duh m*ee*n-yuh
  mool-y*ai*r]
waiter o empregado [empreg*a*h-doo]
  waiter! se faz favor! [suh fash fuh-v*o*r]
waitress a empregada [empreg*a*h-duh]
  waitress! se faz favor! [suh fash fuh-v*o*r]
wake: will you wake me up at 7.30? pode
  acordar-me às sete e meia? [pod akoord*a*r-muh
  ash set ee m*a*yyuh]

....

Wales País de Gales [pa-*ee*sh duh g*a*h-lush]
walk: can we walk there? podemos ir até lá a
  pé? [pood*e*h-mooz eer at*e*h lah uh peh]
  are there any good walks around here? há
  alguns passeios bonitos por aqui? [ah alg*oo*nsh
  pass*a*yyoosh boon*ee*toosh poor ak*ee*]
  walking shoes sapatos leves [sap*a*h-toosh
  levsh]
  walking stick uma bengala [beng*a*h-luh]
wall a parede [pared]
wallet uma carteira [kart*a*yruh]
want: I want a . . . queria um . . . [kr*ee*-uh oom]
  I want to talk to . . . quero falar com . . .
  [k*ai*roo fal*a*r kong]
  what do you want? o que deseja? [oo kuh
  duzz*e*jjuh]
  I don't want to não quero [nowng k*ai*roo]
  he wants to . . . quer . . . [kair]
warm quente [kent]
  it's rather warm está calor [shtah kal*o*r]
  I'm very warm estou com muito calor [shtoh
  kong mweent kal*o*r]
warning um aviso [av*ee*zoo]
was: I was/he was (eu) era; estava (ele) era;
  estava
  it was era; estava [*e*rruh; sht*a*h-vuh]
wash: can you wash these for me? pode
  lavar-me isto? [pod lavv*a*r-muh *ee*shtoo]
  where can I wash . . .? onde posso lavar . . .?
  [*o*nduh p*o*ssoo lavv*a*r]
  washing machine uma máquina de lavar
  [m*a*cky-nuh duh lavv*a*r]
  washing powder detergente [deter-jent]
wasp uma vespa [veshpuh]
watch *(wrist-)* um relógio (de pulso) [reloj-yoo
  duh p*oo*lsoo]
  will you watch my bags for me? pode tomar
  conta da minha bagagem? [pod toom*a*r k*o*ntuh
  duh m*ee*n-yuh bag*a*h-jeng]
  watch out! cuidado! [kweed*a*h-doo]

water água [*a*hg-wuh]
  can I have some water? posso beber água?
  [possoo beb*air a*hg-wuh]
  hot and cold running water água quente e
  fria [*a*hg-wuh kent ee fr*ee*-uh]
  waterproof à prova de água [ah provvuh
  d*a*hg-wuh]
  waterskiing ski aquático
  [shkee akw*a*tikoo]
way: we'd like to eat the Portuguese
  way queríamos comer um prato português
  [kr*ee*-amoosh koom*air* oom pr*a*h-too
  poortoo-g*e*sh]
  could you tell me the way to . . .? pode
  indicar-me o caminho a . . .? [pod eendik*a*r-muh
  oo kam*ee*n-yoo uh]
  see **where** *for answers*
we nós [nosh]
  we are English somos ingleses [s*o*-mooz
  eengl*e*h-zush]
  we are tired estamos cansados [sht*a*h-moosh
  kans*a*h-doosh]
weak fraco [fr*a*h-koo]
weather o tempo [t*e*mpoo]
  what filthy weather! que tempo horrível!
  [kuh t*e*mpoo o-r*ee*vel]
  what's the weather forecast? qual é a
  previsão do tempo? [kwal eh uh pruvveez*o*wng
  doo t*e*mpoo]
  YOU MAY THEN HEAR . . .
  vai chover *it's going to rain*
  haverá sol *it'll be sunny*
  o tempo vai melhorar *it'll clear up*
Wednesday quarta-feira [kw*a*rta-f*a*yruh]
week uma semana [sem*a*h-nuh]
  a week today/tomorrow de hoje/amanhã a
  uma semana [dee oje/aman-y*a*ng uh *oo*muh
  sem*a*h-nuh]
  at the weekend no fim de semana [noo
  feeng . . .]

weight o peso [peh-zoo]
well: I'm not feeling well não me sinto bem
  [nowng muh seentoo beng]
  he's not well não está bem [nowng shtah . . .]
  how are you? very well, thanks como está?
  muito bem, obrigado [ko-moo shtah – mweentoo
  beng, o-breegah-doo]
  you speak English very well fala inglês
  muito bem [fah-luh eenglesh mweentoo beng]
wellingtons botas de borracha [bottush duh
  boorah-shuh]
Welsh galês [galesh]
were: you were *(singular)* (você) era/estava;
  (tu) eras/estavas [errush/shtah-vush]
  you were *(plural)* eram/estavam
  see **you**
  we were éramos; estávamos [erramoosh;
  shtahvamoosh]
  they were eram; estavam [errowng;
  shtavowng]
west oeste [wesht]
West Indian antilhano [anteel-yah-noo]
West Indies As Antilhas [uz anteel-yush]
wet molhado [mol-yah-doo]
wet suit um fato isotérmico [fah-too
  eezotairmikoo]
what o que [oo kuh]
  what? a quê? [oo keh]
  what is that? o que é isso? [oo kee eh eessoo]
  what for? para quê? [para keh]
wheel uma roda [rodduh]
when quando [kwandoo]
  when is breakfast? a que horas é o pequeno
  almoço? [uh kee oruz eh oo pikeh-noo al-mo-soo]
where onde
  where is the Post Office? onde é o Correio?
  [ondee eh oo koorayoo]
  YOU MAY THEN HEAR . . .
  vá até ao segundo cruzamento *go as far as the
  second crossroads*

vá a direito *straight on*
vire à esquerda/à direita *turn left/right*
lá em baixo *down there*
which qual [kwal]
  which one? qual deles? [kwal deh-lush]
  YOU MAY THEN HEAR...
  este/esta *this one*
  esse/essa *that one*
  aquele/aquela *that one over there*
whisky o whisky [weeshkee]
white branco [brankoo]
Whitsun Pentecostes [pentuh-koshtush]
who quem [keng]
whose de quem [duh keng]
  whose is this? de quem é isto? [duh keng eh eeshtoo]
  YOU MAY THEN HEAR...
  é meu/minha *it is mine*
  é de você/dele/dela *it is yours/his/hers*
why porquê? [poor-keh]
  why not? porque não? [poorkuh nowng]
  YOU MAY THEN HEAR...
  porque... *because...*
wide largo [largoo]
wife: my wife minha mulher [meen-yuh mool-yair]
will: when will it be finished? quando estará terminado? [kwandoo shtarah terminah-doo]
  will you do it? faz isso? [faz eesoo]
  I will come back eu volto [eh-oo voltoo]
win ganhar [gan-yar]
  who won? quem ganhou? [keng gan-yoh]
wind *(noun)* vento [ventoo]
window a janela [janelluh]
  near the window ao pé da janela [ow peh duh...]
windscreen o pára-brisas [paruh-breezush]
  windscreen wipers os limpa-vidros [oosh leempuh-veedroosh]
windy: it's windy faz vento [fash ventoo]

124 **WINE**

wine vinho [veen-yoo]
 can I see the wine list? posso ver a lista dos vinhos? [possoo vair uh leeshtuh doosh veen-yoosh]
» *TRAVEL TIP: a unique wine from NW Portugal is 'vinho verde': a young, slightly sparkling wine, served well-chilled (try Alvarinho).*
 Port: try white as well as red, preferably 30 yrs old; visit Instituto do Vinho do Porto, Rua da Misericórdia in Lisbon.
 Madeira: 3 grades: Bual, Sercial, Verdelho.
 Whites: for sweet white try Moscatel; for dry, Bucelas, Colares, Vidigueira.
 Reds: best are full-bodied; try Cave Solar das Francesas, Periquita, Porta de Cavaleiros.
 Rosé: Mateus
 Sparkling: by far the best – Raposeira.
winter Inverno [eemvairnoo]
wire arame [aram] *(elec)* um fio [fee-oo]
wish: best wishes com os melhores cumprimentos
with com [kong]
without sem [seng]
witness uma testemunha [tushtuh-moon-yuh]
 will you act as a witness for me? quer ser minha testemunha? [kair sair meen-yuh ...]
woman uma mulher [mool-yair]
 women as mulheres [mool-yairush]
wonderful maravilhoso [maraveel-yo-zoo]
won't: it won't start não pega [nowng pegguh]
wood madeira [madayruh]
 (forest) um bosque [boshk]
wool lã [lang]
word uma palavra [palahv-ruh]
 I don't know that word não conheço essa palavra [nowng koon-yessoo essuh palahv-ruh]
work *(verb)* trabalhar [trubble-yar]
 it's not working não funciona [nowng foonss-yonnuh]
 I work in London trabalho em Londres

[trabal-yoo eng londrush]

worry *(verb)* preocupar-se [pree-ookoopar-suh]
  I'm worried about him estou preocupado por
  causa dele [shtoh pree-ookoopah-doo poor
  kow-zuh dehl]
    don't worry não se preocupe [nowng suh
    pree-ookoop]

worse: it's worse está pior [shtah pee-or]
  he's getting worse está a piorar [shtah uh
  pee-oorar]

worst o pior [oo pee-or]

worth: it's not worth that much não vale
  assim tanto [nowng val asseeng tantoo]
    is it worthwhile going to . . .? vale a pena ir
    a . . .? [val uh peh-nuh eer uh]

wrap: could you wrap it up? pode
  embrulhá-lo? [pod embrool-yah-loo]

wrench *(tool)* uma chave inglesa [shahv
  eengleh-zuh]

wrist o pulso [poolsoo]

write escrever [shkruvvair]
  could you write it down? pode escrever isso?
  [pod shkruvvair eesoo]
    I'll write to you vou escrever-te [voh
    shkruvvair-tuh]
    writing paper papel de carta [puppell duh
    kartuh]

wrong errado [eerah-doo]
  I think the bill's wrong penso que se enganou
  na conta [pensoo kuh see enganoh nuh kontuh]
    there's something wrong with . . . passa-se
    qualquer coisa com . . . [passuh-suh kwal-kair
    koy-zuh kong]
    you're wrong está enganado [shtah
    enganah-doo]
    sorry, wrong number desculpe, enganou-se
    no número [dush-koolp, enganoh-suh noo
    noomeroo]

X-ray raio X [rye-oo sheesh]

yacht um yacht [yat]

....

yard uma jarda [jɑrduh]
» *TRAVEL TIP: 1 yard = 91.44 cms = 0.91 m*
year um ano [ɑh-noo]
yellow amarelo [amarelloo]
yes sim [seeng]
yesterday ontem [ɒnteng]
  the day before yesterday ante ontem [antee
  ɒnteng]
  yesterday morning/afternoon ontem de
  manhã/à tarde [ɒnteng duh man-yɑng/ah tard]
yet: is it ready yet? já está pronto? [jah shtah
  pront]
  not yet ainda não [uh-eenduh nowng]
yoghurt um yogurte [yoogoort]
you tu/você/o senhor/a senhora [too/vo-seh/oo
  sun-yor/uh sun-yoruh]
  I like you gosto de ti [goshtoo duh tee]
  with you contigo [konteegoo]; com você
» *TRAVEL TIP: the word for 'you'/'yours' in
  Portuguese depends on how well one knows the
  person; with strangers 'o senhor/a senhora' (the
  gentleman/lady) is used; with acquaintances the
  polite 'você'; with good friends the familiar 'tu'*
young jovem [jovveng]
your *see* **you** o teu/a tua; o seu/a sua
  [teh-oo/too-uh]
  is this your camera? esta máquina é sua?
  [eshtuh mɑcky-nuh eh soo-uh]
  is this yours? isto é seu? [eeshtoo eh seh-oo]
youth hostel albergue da juventude [albɑirg
  duh jooventood]
zero zero [zairoo]
  below zero abaixo de zero [abye-shoo duh . . .]
zip um fecho de correr [feshoo duh koorair]
zona azul *parking permit zone*

0 zero [zairoo]
1 um [oom]
2 dois [doysh]
3 três [tresh]
4 quatro [kwatroo]
5 cinco [seenkoo]
6 seis [saysh]
7 sete [set]
8 oito [oytoo]
9 nove [nov]
10 dez [desh]
11 onze [onz]
12 doze [dohz]
13 treze [traiz]
14 catorze [katorz]
15 quinze [keenz]
16 dezasseis [duzzasaysh]
17 dezasete [duzzaset]
18 dezoito [duz-oy-too]
19 dezanove [duzzanov]
20 vinte [veent]
21 vinte e um [veent-ee-oom]
22 vinte e dois [veent-ee-doysh]
23 vinte e três
24 vinte e quatro
25 vinte e cinco
26 vinte e seis
27 vinte e sete
28 vinte e oito
29 vinte e nove
30 trinta [treentuh]
31 trinta e um [treent-ee-oom]
40 quarenta [kwarentuh]
41 quarenta e um [kwarent-ee-oom]
50 cinquenta [seenkwentuh]
51 cinquenta e um [seenkwent-ee-oom]
60 sessenta [sessentuh]
61 sessenta e um [sessent-ee-oom]

....

70 setenta [setentuh]
71 setenta e um [setent-ee-oom]
80 oitenta [oy-tentuh]
81 oitenta e um [oy-tentee-oom]
90 noventa [nooventuh]
91 noventa e um [noovent-ee-oom]
100 cem [seng]
101 cento e um [sentoo-ee-oom]
165 cento e sessenta e cinco
    [sentoo-ee-sessent-ee-seenkoo]
200 duzentos [doozentoosh]
300 trezentos [trezentoosh]
400 quatro centos [kwatroo-sentoosh]
500 quinhentos [keen-yentoosh]
600 seiscentos [saysh-sentoosh]
700 setecentos [set-sentoosh]
800 oitocentos [oy-toosentoosh]
900 novecentos [nov-sentoosh]
1,000 mil [meel]
2,000 dois mil [doysh meel]
4,650 quatro mil seiscentos e cinquenta
    [kwatroo meel saysh-sentooz-ee
    seenkwent]
1,000,000 um milhão [oom meel-yowng]

*NB in Portuguese the comma is a decimal point;
for thousands use a full-stop, eg 4.000*

ALPHABET: how to spell in Portuguese
a [ah] *b* [beh] *c* [seh] *d* [deh] *e* [eh] *f* [ef]
g [jeh] *h* [agah] *i* [ee] *j* [jottuh] *k* [kappuh]
l [el] *m* [em] *n* [en] *o* [oh] *p* [peh] *q* [keh]
r [err] *s* [ess] *t* [teh] *u* [oo] *v* [veh] *w* [veh
dooploo] *x* [sheesh] *y* [eepsilon] *z* [zeh]